U0580911

画说大唐

藏在十二张
古画里的大唐

罗松涛／著

北京时代华文书局

图书在版编目（CIP）数据

画说大唐 / 罗松涛著. — 北京：北京时代华文书局，2021.11
ISBN 978-7-5699-4364-1

Ⅰ.①画… Ⅱ.①罗… Ⅲ.①中国历史—唐代—通俗读物
Ⅳ.①K242.09

中国版本图书馆CIP数据核字(2021)第172254号

拼音书名 | Huashuo Datang

出 版 人 | 陈　涛
项目策划 | 马　峰
责任编辑 | 李　兵
执行编辑 | 王　灏
责任校对 | 张彦翔
装帧设计 | 天下书装
责任印刷 | 訾　敬

出版发行 | 北京时代华文书局 http://www.bjsdsj.com.cn
　　　　　北京市东城区安定门外大街138号皇城国际大厦A座8层
　　　　　邮编：100011　电话：010-64263661　64261528
印　　刷 | 三河市天润建兴印务有限公司　0316-3654596
　　　　　（如发现印装质量问题，请与印刷厂联系调换）
开　　本 | 880 mm × 1230 mm　1/32　印 张 | 9　字 数 | 222千字
版　　次 | 2023年2月第1版　　　　　印 次 | 2023年2月第1次印刷
成品尺寸 | 145 mm × 210 mm
定　　价 | 68.00元

前　言

回望唐朝，眼前顿时浮现出这样的画卷——才华横溢的诗人站立于山阿水畔，"与君歌一曲，请君为我倾耳听"。

富时"稻米流脂粟米白"，穷时"禾生陇亩无东西"；方才"春风拂槛露华浓"，转眼"烽火照夜尸纵横"；既有"直挂云帆济沧海"的雄心壮志，也有"愁恨年年长相似"的沉郁顿挫。

感觉诗词歌赋已将这个朝代写尽，但留给后世的依然是一个模糊的侧影。所幸有了绘画，借助穿越千百年的线条和色块，我们得以认识更为真实的唐朝。借鉴隋朝"细密精致而臻丽"的艺术风格，唐朝的绘画艺术跳出"是知存乎鉴戒者，图画也"之窠臼，步入全面发展的繁荣期。唐朝绘画题材丰富，人物、山水、花鸟、宗教等异彩纷呈；画坛名家辈出，万古流芳；各种佳作气势恢宏，不胜枚举。从浩繁的传世画作里挑选十二张，以呈现唐朝全貌，绝对不是一件容易的事。

在写作此书之前，笔者注意到，唐政权并没有推倒重来，而是在隋"故宫"之上高屋建瓴。无论是大运河、大粮仓、大驰道，还是三省六部制、均田制、科举制，都是隋现成的，李氏父子只稍加完善，顺势推动王朝走向繁盛。唐朝的起点如此之高，第一张画必然是歌颂唐初盛世的《凌烟阁功臣像》。画像无论有多少张，画中人也必定是开创大唐江山的肱股之臣。从这些门阀世族的代表入手，更方便窥见唐乃至中国历代封建王朝政治的"豹身"。赫赫武功来自强大的军队，而在冷兵器时代，马是军队无可替代的武器和代步工具。《牧马图》中的马膘肥体壮，足以体现唐军的战斗力，正是这种睥睨天下的力量，奠定了唐朝皇帝"天可汗"的尊崇地位。有了如此地位，才有了反映"四方来贺"的大唐气象的《职贡图》，才有了唐举重若轻的外交局面。《步辇图》的人物比例失调，非但没有影响艺术美感，反而凸显了唐太宗的非凡气度。读者以此可深入探索和战更迭背景之下剿抚并用的唐朝外交政策。

《八十七神仙卷》集中展示神仙世界里的唐。唐朝皇帝与道家都姓李，但祖上并无多少渊源，只因李渊起事之时得了道士指点，而李唐统治期间多有道家襄助。道教的突然兴盛，并未对佛教形成打压态势，反倒促成了佛教的大发展和大传播。在唐朝，佛教绘画多出现在寺庙、洞窟、墓穴的墙壁，又以敦煌的莫高窟为最。《送子天王图》是宗教艺术与吴道子所创"吴家样"的完美结合，也是儒、释、道和谐相处在艺术上的体现。中国古代，有一门科学与儒、释、道紧密联系，却长期被帝王把持，用以预测未来、占卜祸福，这就是天文学。历法，就是古代中国天文学的派生物。但在艺术上，它至少留下了《五星二十八宿神形图》，以许多未解之谜供民间尽情演绎和发挥。

远离朝堂，抛开帝王之术，艺术最终要拥抱人间烟火。中唐画家周昉，取法画家张萱体态丰腴、姿彩秾丽的人物绘画技巧，开创华丽丰美的"水月观音"形象。他以宫廷贵族妇女为模特，创作了《调琴啜茗图》和《簪花仕女图》。在没有发明照相术的古代，画家用今人无法企及的技法再现唐朝仕女的日常生活。她们雍容华贵,浓艳丰满;她们妆容精致,穿着华丽;她们游园看花,也可像男人一样骑马遛狗,弹琴品茶,她们来自开放、自信的唐朝。

当然,在生产力低下的古代,享乐从来都属于封建统治阶层,底层百姓必须常年不停地劳作。张萱的那幅《捣练图》,貌似洋溢欢快的气氛,但稍加留意便能想象"长安一片月,万户捣衣声"的劳动场景。作为宫廷画师的张萱,可能无法看清"遍身罗绮者,不是养蚕人"的深层原因,但毋庸置疑,正是不计其数的手工业者,供养了贵族地主的奢华生活,成就了古代城市的繁华。

手工业者境况如此,最接近泥土的农民又是怎样的呢?反映"三农"问题的唐朝画作不多,如果撇开应制之作,《五牛图》勉强算得上。毕竟,曾任宰相的画家韩滉,非常关注农业,重视农耕;跃然纸上的五头牛,必然来自画家多年的生活观察。然而,尽管五牛终生勤勉劳作,也抵不住安史之乱的冲击。百姓灾难深重,唐朝由盛转衰。山水青绿的《明皇幸蜀图》,记录了唐玄宗前往蜀地避难途中的窘境。蜀道艰险,长路漫漫,一代帝王从此再回不到大明宫,只能"侧身西望长咨嗟"。那个盛大绽放的唐朝,也逐渐现出斜阳晚照。

罗松涛
2022年4月于成都

目 录

目

录

2

目 录

4

目

录

5

目
录

第一张画 | 《凌烟阁功臣像》

摹本《凌烟阁功臣像》(局部)

背景介绍:

朝代:唐朝

原绘者:阎立本

规格:真人大小

类别:壁画

唐贞观十七年(643年)春,唐太宗李世民为表彰长孙无忌、魏徵、尉迟恭等二十四位开国元勋,亲自作赞,诏令褚遂良题阁名,由画家阎立本绘制《凌烟阁功臣像》。

该图集代表初唐文采、书法和绘画的最高成就。后来凌烟阁毁于战乱,《凌烟阁功臣像》仅见于史学家和诗人的描写之中,而无图像可稽考。现存仅有宋人游师雄的四幅刻石残片,已经无法辨识。此画的摹本众多,以李公麟的摹本最为著名。

画像上的二十四位功臣是长孙无忌、李孝恭、杜如晦、魏徵、房玄龄、高士廉、尉迟恭、李靖、萧瑀、段志玄、刘弘基、屈突通、殷开山、柴绍、长孙顺德、张亮、侯君集、张公谨、程知节、虞世南、刘政会、唐俭、李绩、秦琼。

画
㊙说
大
唐

2

第一节　唐朝真有那么广袤和强盛吗？

1. 唐朝的疆域有多大

　　广袤、繁盛、勇猛、豪放、旷达、丰肥、艳丽……对于前人描绘出来的盛世大唐，我们似乎还可以找到无数类似的赞美之词。在人们的脑海中，大唐的贞观之治和开元盛世是整齐而繁荣的坊市，是四方来贺的外国使团，是星河灿烂的诗歌，以及轻曼绮丽的《霓裳羽衣曲》……

　　没错，这些都是唐朝的实际状况，而大唐也的确是一个伟大的朝代。但唐朝真的有传说中那么大、那么美吗？

　　在大部分时间段，唐朝的疆域都不及或仅仅相当于之前的隋朝。即便在唐高宗时代，唐的版图急剧膨胀，但有一大半领土是人口和物产极少的荒漠、戈壁和冻原。604年，隋炀帝登基，全国拥有890万户人家，人口约半个亿。而直到唐朝鼎盛的唐玄宗开元年间，国家登记的户口也不过760万户，大约4000万人。当然，这里存在一个统计问题，唐朝大量豪门贵族是不上报自己的土地和领地户籍的，导致朝廷后期收不上来税，不得不实行"两税法"。但无论如何，与隋朝的疆域相比，唐朝远远不是我们想象的那么大。

　　我们这里姑且只比较一下领土和人口。正如秦的暴政掩盖

3

了统一格局后的发展,衬托出了西汉的海晏河清;隋的劳民伤财,遮蔽了本来的强大实力,凸显出了唐的花团锦簇。

2. 唐的聚合

隋唐两朝的开国皇帝,杨坚和李渊当上皇帝的路数完全不同,却在一个地方发生了交会:在登基前认真操办一场"禅让"仪式。"昭告天下",自己坐上帝位并非真心所愿,更不是靠阴谋或者武力偷来抢来的,而是原来的皇帝自愿送来的。

李渊在隋末乱局中蹚过一条血路,从地方(山西)包围中央(长安)。618年唐朝建国时,整片的国土只包括陇西、关中、剑南及周边地域,零星的几块则分布在晋北、山东、江淮,最远的到了辽西等地。李世民在当皇帝之前,干的就是"开荒"的活儿——平整各个割据势力,将那些零碎领土拼接起来,形成整块疆域。

4

这一干,就是整整8年。

3. 吃水不忘挖井人

李世民当了皇帝后依然继续征战,东到大海,西至漠北,一心开疆拓土,尽管他劳苦功高,但功劳不能只算到他一个人的头上。对此,他心里非常清楚。于是,贞观十七年(643年)春天,一座不起眼的小阁楼在长安太极宫北面的三清殿旁边悄然耸起。

阁楼里陈列二十四位功臣画像,绘者为当时国内顶尖画师阎立本,题字者为当时一流书法家褚遂良,写作赞文的是太宗皇帝本人。开篇一句:"于兹十有余年,斯盖股肱罄帷幄之谋,爪牙竭熊罴之力,协德同习,以致于此。"什么意思?十多年来,全靠文臣武将的谋略和勇猛,我朝才有了眼下的局面。

吃水不忘挖井人!皇帝效仿古代旧例,表彰他的有功之臣。从此,这座貌不惊人的小阁楼闻名天下,成为文臣武将功成名就的象征、天下精英的奋斗目标,小阁楼也就有了一个荣耀的名字——凌烟阁。

那么,凌烟阁里都有哪些股肱大臣?太宗皇帝仅仅是为了以示表彰,还是有别的良苦用心?其中又隐藏了什么样的玄机?

笔者将带着这些问题,从《凌烟阁功臣像》开始,进而为读者讲述一些鲜为人知的大唐逸闻。

第二节　凌烟阁上烟云散

1. 凌烟阁古已有之

建楼,画像,表彰功臣,这绝不是李世民的独创,早在公元前51年,汉宣帝刘询就想到了这个点子。

从西汉的麒麟阁、东汉明帝刘庄的云台阁,到北周与唐代的凌烟阁,历代帝王如法炮制,为各位功臣把轿子抬好。不过,在两千多年封建帝制中,其他朝代在表彰功臣方面似乎并不如此直白而张扬。

什么原因呢? 翻一翻历史书,从西汉到唐大约600年,正好是封建门阀士族占据统治地位的时段。强大的秦军将春秋战国的贵族制度彻底摧毁,西汉建立了分封制,花了一两百年的时间培养门阀士族,当时比较典型的有卫青的卫家、霍去病的霍家,还有窦太后的窦家等。自此,门阀士族阶层把持朝政,世代相传,底层百姓想要走上仕途比登天还难,这种局面在魏晋达到顶峰,由南北朝一直延续过来。

隋文帝开始设立的科举制度,仅仅将士族把持的朝政之门推开了一道缝隙,门阀依然把持官场。唐玄宗大力推动科举取士,加上唐末农民战争的冲击,五代过后,门阀士族逐渐被名门望族所取代。

2. 笼络豪门的楼阁

单田芳老先生生前演播的长篇评书《隋唐演义》流传很广,甚至影响了一代人对唐朝初期诸多名臣武将的印象,但说到底,隋末唐初的风云际会实际上都是豪门贵族间的权力游戏。隋末的农民起义,规模较大的是河南李密、河北窦建德、江淮杜伏威等队伍,这些起义军中抛头颅洒热血的确实是农民,但当上领袖的农民几乎一个也没有(杜伏威出身农民,却归顺隋朝做了官)。

从起义队伍里脱颖而出,与李家一起叩开关中平原,进而在政坛翻云覆雨的那些人,要么直接出身豪门,要么与豪门多少有些瓜葛。当时具有代表性的豪门有河南长孙氏,京兆韦氏、杜氏,河东裴氏、柳氏、薛氏,弘农杨氏等。隋朝皇帝就出身于弘农杨氏。

与历代皇帝一样,李世民修建凌烟阁,看起来是表彰功臣,实际上是为了笼络门阀士族。因此,凌烟阁里的画像,不过是发给豪门贵族的军功章。把这些盘根错节的豪门集团握在手里,大唐的江山也就稳固了。

对此,李世民和他的后代心里清楚得很。

3. 请君暂上凌烟阁

回到贞观十七年(643年)的那个春天,气候宜人,政通人和。在太宗皇帝的带领下,二十四位画像表彰的功臣(有去世的,则由儿子代表)次第走上凌烟阁,这是何等荣耀之事!

人生最终要归为一抔黄土,功臣的荣光也迟早化为凌烟阁上的一缕尘烟。生能享受天大的尊崇,死能"托体同山阿"也就罢了。多少年以后,令人唏嘘不已的是,这

唐·阎立本
《唐十八学士图卷》(局部)

些与李家父子出生入死、披肝沥胆之臣,幸运地从战场上生还,享受到了无上的荣光,却没得善终。最初的24位名臣中,长孙无忌自杀,杜如晦、张亮、侯君集三人被诛杀,其他遭受降职免爵、处分责罚者更是不在少数。究其原因,有的是未能逃离"兔死狗烹"的宿命,有的是成了政治斗争的牺牲品。

当然,《凌烟阁功臣像》只是一个功臣谱,而不是免死金牌。这些人身居要职,位列三公,在专制独裁、杀伐成性的皇帝面前,稍有不慎便会人头落地,甚至诛灭九族。那位皇室后裔、"诗鬼"李贺如果认识到这一点,大约也就不会对凌烟阁发出"男儿何不带吴钩,收取关山五十州"的感叹了。

以天子领导的封建王朝,即便如长孙无忌这样的皇亲、杜如晦这样的宰辅,也有伴君如伴虎的忧虑。不过,如果老老实实当个顺臣,不惦记着李家的皇位,不思谋为自己家族谋利,哪怕犯下再大的罪行,也能保住自身性命。那位滥杀平民的混世魔王程咬金(程知节),事发之后就仅仅领受了一个免官的处罚。

第三节　阁楼下的刀光剑影

1. 那座不起眼的小楼

虽然是君主专制,国家仅靠皇帝一人也是绝对玩不转的,李唐的事业全靠各路英雄打拼,后来的盛世更是诸位文臣武将共同帮衬的结果。李世民太需要修建一座凌烟阁了。不过问题也出来了:表彰多少位?都是哪些功臣?以姓氏笔画为序还是按功劳来?

对此,太宗皇帝和谋臣们可没少费心思。西汉麒麟阁有十一功臣,东汉云台阁有二十八将。最后,太宗皇帝拍板,取个中间数吧,二十四名臣。

首先,房玄龄、杜如晦、李靖、魏徵等开国功臣,那是一个都不能少的;其次,当年在玄武门打头阵的几位,如长孙无忌、尉迟恭、侯君集等也不能缺席;最后是皇帝的"贴心伙伴",还有南征北战、军功赫赫的武将……掰了指头这么算过来,二十四位就全了。

这些功臣上了楼,当然还得分个高低座次。从凌烟阁的结构来说,阁内分隔成三层:核心层是宰辅级别,中间层是王侯级别,最外一层是其他功臣。经过后来几朝君主的增补,唐朝凌烟阁受表彰的功臣从24名到30名,最终达到100余名。不管多少名,但得记住一点,每幅画像都朝着北方,规规矩矩地站在皇帝面前。在李唐王朝,做臣子的就该乖乖听话,不然,上阁艰难下阁易,搞不好还有血光之灾。

2. 玄武门那点事儿

唐朝从来不缺少血色和杀戮,比如在武德九年六月初四(626年7月2日),唐都长安(今西安)的北门——玄武门就发生了一起

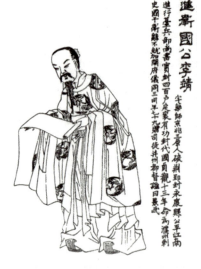

特進衛國公李靖

定襲師京兆三原人破頡利封衛度縣公平江南
進行墨兵卻南吉實封四百戶交章有功封代國貞觀十三年命為濮州刺
史年上前諡莫悅朋開府儀同三司貞午九年命為濮州刺
史年上前諡莫悅朋開府儀同三司仗共韓智福日晨武

《凌烟阁功臣像》（局部）

10

刀光剑影的惊世之战。

那天一大早，当朝太子李建成带着兄弟李元吉进宫去问事。所问何事？他们那位貌似磊落的兄弟李世民向父皇告了一状，说他们兄弟俩在后宫乱搞男女关系。这可是大逆不道的杀头大罪！到底有没有这事儿呢？恐怕只有当事人清楚。不过，李家有鲜卑族血统，又长期生活在北方地区，李家三兄弟可以自由进出宫闱，非但如此，还可以佩戴刀弓，这无疑为兄弟间的杀戮提供了条件。

兄弟阋墙往往为了遗产，当遗产换成天下，就免不了一场血雨腥风的搏杀。

在唐太宗雄才大略投射的光影下，人们常常有个误解，认为哥哥李建成是一位懦弱无能的官二代。实际上，作为长子的李建成一直被李渊寄予厚望、重点培养。从山西的西河郡（今汾阳一带）、霍邑（今霍县），直到潼关，他带着部队一路杀进长安城。这个太子还真不只是李渊封的，也是他自己一拳一脚挣来的。

不过，李建成作为储君开始学习如何打理朝政时，攻城略地的风头逐渐被老二李世民给占去了。

而在玄武门之变的这天，那位野心勃勃的二弟已弯弓搭箭做好准备,三弟李元吉发现端倪之时,大哥李建成已经倒在了血泊之中。一箭之后,胜负立判,后来上了凌烟阁的那几位武将立马从埋伏处冲出来收拾残局……

3. 当断不断,反受其乱

整整17年过去了,李建成、李元吉兄弟及家人(被满门抄斩)早已成了白骨,而凌烟阁里的功臣,有不少是踏着他们的尸骨一步步走上阁楼来的。

这场杀戮本来是可以避免的。一切都源于那位皇帝父亲的优柔寡断。

《旧唐书》中说,由于李世民出谋起兵,李渊曾许诺立他为太子。这个说法是否属实暂且不论,李世民从十多岁就开始打仗,确实厥功至伟,李渊觉得愧对这个老二,便一再加封,从尚书令、中书令(宰相)到三公之一的司徒,实在没有更高的官职爵位可封了,便生生创造出一个"天策上将"。从此,李世民成为皇帝与太子之下、万人之上的"上将",秦王府也改成了"天策府"。

接下来,太子与"上将"便开始了储位的明争暗斗,李渊的耳根子从此也就不清静了,一会儿与太子关系好的后宫嫔妃说李世民的坏话,一会儿李世民这边告太子的黑状,忽而哥哥设计陷害弟弟,忽而弟弟阴谋算计哥哥……

这时候,就该皇帝老子拿个决断出来,但李渊总是游移不定、忽东忽西,事情最终由兄弟俩自行解决了。

第四节 萧墙祸起

1. 秦王府和太子府

玄武门事变中,为李世民打冲锋夺取天下的都是哪些人呢?

《旧唐书》上出现了两份名单,比较而言,《长孙无忌传》写的较为可信,因为这名单上除了李世民的大舅哥长孙无忌,剩下的是九名武将:尉迟恭、侯君集、张公谨、刘师立、公孙武达、独孤彦云、杜君绰、郑仁泰、李孟尝;而《太宗本纪》中提到的功臣如房玄龄、杜如晦等几位都是手无缚鸡之力的谋士,去玄武门根本帮不上忙,显然有误。

太子党这边,支持太子的首要的是李元吉(李渊有四个儿子,老三李元霸死得早,李元吉就成了老三)。这位老三能力弱,便只有死贴大哥。除他之外,也有一串长长的名单,其中有李纲、窦轨、王珪、魏徵等著名的政坛名人,有书法家欧阳询,以及一代名将薛万彻、冯立等,可谓人才济济。

李世民被封为秦王,他手下的谋臣武将便聚

李世民画像

集在秦王府(后来也叫天策府);相应地,李建成这边的人则聚集在东宫太子府。一开始,兄弟俩或许还有些顾忌,不便撕破脸,但抵不住秦王府和太子府内部两拨人马的撺掇,他们各为其主,并且各谋其利,最终促成了一场你死我活的争斗。

2. 两派力量对比

两相对比不难发现,太子府里文人荟萃,而秦王府中武将居多。这个局面是由二人的经历决定的。

李建成身为太子,协助父皇理政,结交更多的是文官和谋士。这些人大多数都是官僚,所有的权势都是朝廷给的。也就是说,皇帝这个方向标一旦改变,所谓太子党的实力也就大打折扣,甚至土崩瓦解。

秦王府这边则不然,他们有的是李世民的亲戚,有的是出生入死的战友。他们或出谋划策,或横刀立马,总之唯主子马首是瞻。最为重要的是,绝大多数人出身行伍,有的本身就是"军阀",有自己的一干人马和一方势力,能作为秦王强有力的后援和辅助。这些人最终成为唐太宗的肱股之臣并登上凌烟阁,靠的不是嘴皮子,而是看得见的本事和实力。

3. 太子府和秦王府都在行动

李建成的优势在于太子的身份,在于对朝廷和后宫势力的经营。

首先他收买、拉拢部分官员为其所用,诋毁、排挤秦王府的力量。不过,他在这方面多次搬石头砸了自己的脚:收买杨文干,杨文干不从;笼络尉迟恭,尉迟恭反而向李世民告密;好不容易找了一个常何,却是秦王府派来的卧底。

他在后宫的努力倒是收获了一些成果:李渊的各位妃子为诋毁李世民出了不少力气。比较典型的是张婕妤,不但离间李世民与李渊的父子关系,还扬言李世民要谋反,搞得李世民在长安待不下去。就在玄武门之变前夕,她还将李世民的密报内容泄露给李建成,可谓尽心尽力。

在选拔卫士方面,李建成也比较成功。就差那么一点儿,他的"长林兵"(因驻扎在东宫附近长林门得名)就能挽回玄武门的败局了。

李世民长年征战,其幕僚也好、武将也罢,都是信得过的死士。比如常何,在玄武门之变的关键时刻和关键位置发挥了关键作用。还有王晊,官位不高,位置却很特殊——东宫的率更丞(计时的官员),第一时间获得李建成和李元吉将要刺杀李世民的机密情报并传递出去,救了主子的性命。李世民与不少手下在并肩作战中结下了生死情谊,他本人在军中树立起强大的威望,累积了不朽的军功,得到了"天策上将"这个足以与太子叫板的顶级官位。

另外，秦王府已经做好打算，准备去洛阳建立根据地，直接与长安朝廷对着干。幸亏这一计划没有被实施，不然又得有一拨生灵涂炭了。

第五节　门阀士族的威力

1. 为什么是李渊

太子府与秦王府的争斗，仅仅是兄弟俩的皇位之争吗？"兄弟相煎"之时，李渊果真无所作为吗？

答案当然是否定的。就像美国轮流执政的两党离不开背后的财团一样，唐及以前王朝的统治权之争往往是士族势力的博弈。李渊能当上皇帝，自然也是各个士族争斗和妥协的结果。

北魏时期，源于陕西关中和甘肃陇山地区的门阀军事势力崛起并逐渐把握朝政，后世以陈寅恪为代表的学者称之为"关陇集团"。在这一集团中，李渊的家族无疑是其中的佼佼者。

李渊的先祖李暠建立西凉国之后，李氏家族世代显赫。李渊的祖父李虎、父亲李昞，分别是西魏、北周的柱国大将军，受封唐国公。"柱国"，国家的支柱，其重要性一看就明白。李渊在7岁就成了唐国公，这个封号是他的祖父挣下的，因为李渊的父亲死得早，李渊得以提前继承。最为重要的是，李渊的母亲独孤氏，是隋文帝杨坚皇后的姐姐。弘农杨家,也是关陇集团里的煊赫家族。说到底,隋朝的长安一直就在关陇集团的手里。

因此,617年,李渊攻下长安,不敢招惹强大的士族集团,只得先拥立杨侑为恭帝静观其变。

2. 城头变幻大王旗

得知隋炀帝死去的消息,李渊依然不敢明目张胆当皇帝,便搞了个禅让。当然,那位年仅15岁的杨侑,退下来不久就死了。虽然这个禅让明眼人一看就知是假的,但本身意味着李唐势力与长安城的实际统治者——关陇集团达成了妥协。于是,无论是隋唐两朝三代太子师李纲、位列王公的窦轨,还是右武卫大将军薛万彻等,李渊的班底大多是隋朝旧臣,也就是关陇集团的实力派。

长安城掌权的还是那班人,只不过城头换了一面大王旗。以关陇集团为主的官僚士族形成封闭而顽固的圈子,将圈外之人拒之千里。这在门阀士族们看来,再正常不过,普通老百姓也不奢望跻身庙堂,但有一帮人不干了。

隋末战事纷纭,各地的英雄走上前台,而这些英雄主要集中于当时的"山西"和"山东"等地。他们实际上是一个个地方军阀,在历次战争和兼并中逐渐汇集到李世民的旗号之下,为李唐王朝攻城略地、开疆拓土。

3. 李渊的难处

"山西系"也好，"山东帮"也罢（后通称"山东帮"），不少英雄本来在隋末就已经建号称帝，跟了新主子李世民，本以为起码可以混个宰辅或者大将军，可进了长安城才发现，朝廷大员们一个萝卜一个坑都占满了。

虽然主子被封为与太子不相上下的天策上将，但天策与天子差一个字，却差之千里，各位英雄只能憋在天策府（秦王府），根本无法进入朝廷的权力中枢。因此，秦王府与太子府之争，实际上是"山东帮"向关陇集团的权力要求。

另外，成王败寇，自古同理。长孙无忌、高士廉等李世民的亲戚自然必须孤注一掷，尉迟恭、侯君集、程知节（程咬金）等出身不那么高贵的亲信也敢放手一搏——进，可以与主子一起共享大唐的荣华富贵；退，大不了回去占山为王，抑或脑袋掉了碗大

李渊画像

17

个疤。于是我们看到：在权力争夺的斗争中，太子和秦王往往犹犹豫豫，真正急不可耐的是那些属下和幕僚。

再看唐高祖李渊，固然有性格优柔寡断的一面，但他主要忌

惮的是"京派"(主要是关陇集团)和"海派"(主要是山东帮)两大士族势力。无论扶持哪一派,都会招致另一派势力的反弹:搞不定太子府,在长安待不下去;摆不平秦王府,可能导致天下大乱。

唉,他这个高祖,当得也不容易啊!

第六节　关陇集团和山东帮

1. 乱世出英雄

18

　　印象中的隋炀帝杨广,是暴虐骄淫的,就扳倒太子哥哥杨勇、夺取皇位这一点,倒是给表侄李世民树立了坏榜样。不过,杨广脑瓜子好使,能力也比较强,即位后改官制、修法律、拓疆土、迁都城、凿运河……着实干了不少业绩,只是到了后期,四处巡游,穷奢极欲,滥用武力对外征战,生生把老百姓逼上了绝路。

　　隋朝大业七年(611年),杨广大肆征兵准备进攻高句丽,山东邹平人王薄喊出"譬如辽东死,斩头何所伤"(《无向辽东浪死歌》)的口号——去辽东反正是送死,被官兵杀头也无所谓。还去服役干啥,跟着喊口号的人干啊!起义之火点起来就不得了,到617年,短短几年时间,起义风潮席卷全国大部分地区,一共出现100余支起义军,这些起义军经过不断征战逐渐形成瓦岗军、窦建德军、杜伏威军三大主力。

河北、山东以及中原和江淮地区的农民纷纷举起反旗，起义军消灭了隋军的精锐和主力，动摇了隋朝的根基。山中无老虎，猴子称大王。所谓时势造英雄，纷乱的局面为士族精英提供了舞台，那些有实力的豪门大家也开始蠢蠢欲动。

2. 关陇集团

关陇集团源于北魏在现河北、内蒙古自治区的边区地带建立的六个军镇，军镇的军事首领有鲜卑贵族，也有汉族豪强，后来接受皇帝的密令，合为一体，共同对抗权臣高欢，渐渐形成庞大的权力集团。西魏完善府兵制，以八柱国、十二大将军统领指挥全国军队。这二十位国家核心领导人物对应二十个大家族，在关中地区显赫一时，并诞生了西魏、北周、隋、唐四代皇帝。

前文提到，李渊一家本就属于关陇集团，也是在这个集团的支持下得以称帝。李世民夺取帝位，主要依靠的是海派的"山东帮"，而其中最核心的班底来自最大的农民起义部队——瓦岗军。

关陇集团这边，占据战略要地山西的李渊无疑是最重要的代表，手下的裴寂、刘文静也都出身豪门，这两位在唐朝建立后双双得到宰相的职位。集团的其他割据势力，薛举、薛仁杲父子占据陇西，李轨在甘肃建立大凉政权之后，他们要么被打得归附，要么被迫投降，总之都是集团内部的事情，好说好商量。

3. 山东新势力

"山东帮"的山东当然不是指今天的山东省,古人有说是崤山以东,有说太行山以东,笔者所说的"山东帮"只是为了叙述方便。这伙人主要来自今天的河北、河南、山东、山西东部、安徽等地。

山东帮这边的一个个枭雄,着实都是烫手山芋。刘武周割据马邑(今山西朔州),窦建德横扫河北,王世充转战河南,李密领导的瓦岗军固守河南、安徽,萧铣在长江中下游战斗,杜伏威从山东出发到江淮驰骋,刘黑闼、徐圆朗还在山东负隅顽抗……

不过机遇与挑战并存,在与这些势力或联合或征战的过程中,一些杰出人物逐渐涌现并成为山东帮的核心,如山东的房玄龄、程知节、秦叔宝,河南的长孙无忌、张亮,山西的尉迟恭等。

对这一股新崛起的势力,不但李世民想要紧密联系,太子李建成也在想方设法拉拢。虽然山东帮可能并不是显赫的门阀士族,有的还出自社会底层,但山东帮勇猛顽强、能征善战、团结忠义,这些都是建功业于乱世所需的优秀素质,并且他们及其家族都处于成长期,本人极具理想和激情,这恰恰是建功立业的重要因素。

最终,山东帮依靠能力、决心加实干,成功进入了唐朝权力中枢,占据了凌烟阁功臣榜的大部分,改变了北魏以来关陇集团一手遮天的局面。这同时也说明,随着社会的发展,门阀士族制度并非一块坚冰,而是在缓慢地破裂、融化。

第七节　开府建牙成祸端

1. 哪些人可以开府

开府,也叫开府建牙,是自西汉以来朝廷为高级官员赋予的一项特权,他们遵从皇帝诏令开设府署(衙门),树立旗帜,处理自己的军政事务。有权开府者,要么是王公权贵,要么是功勋大臣,他们可以自由任免官员,制定或实行部分法律政策。在封建王朝,能享受这种特权和尊荣的少之又少,在古代有三公、大将军、将军等。

位列三公者(各朝叫法不同,隋唐为太尉、司徒、司空)一般可以享有开府的特殊待遇,官阶属文散官(虚衔)序列最高的仪同三司。

开府建牙就相当于建立了一个国中之国,可以拥有自己的办公机构及领导班子,通常设置的官职有长吏、丞、参军、主簿等。

古代的权臣和豪门一旦开府,更是位极人臣,在品尝了权力的滋味之后,往往把持不住,便开始觊觎更高层的天子宝座。曹魏时代的司马家族、北周后期的杨氏家族、隋朝末年的李氏家族,都是先开府建牙再夺取皇权。

2. 天策上将府

618年，李渊建立唐朝，授予李世民尚书令、右翊卫大将军，加封秦王。之后，李世民督视各路兵马，开始了消灭割据势力的征战。虎牢关一战，唐军歼灭王世充、窦建德两大军事集团，拿下了华北地区，在朝廷上下获得崇高的威望。

武德四年（621年），李世民被封为天策上将，位在王公之上。对李世民来说，什么司徒、尚书令、天策上将、万户侯，这些封号统统都不重要，李世民最满意的是皇帝下的一道诏令：特许他建牙开府。

天策府又称"天策上将府"，虽然与秦王府只是名字不同，但它排在所有武官官府最前面，并且拥有很多官府都没有的特权——"自置官署"。秦王府老班底还在，照方抓药即可。天策府的官员包括长史（总管）、司马（总管）、从事中郎（总管助手）、军咨祭酒（参谋、礼仪、接待）、主簿（秘书）、记室参军事（文书），12名曹参军事（功、仓、兵、骑、铠、士，分管军中事务），及府中的杂务官员（参军事、典签、录事）等。

架子搭起来，但全是武官，要争取皇位、建立国家，没有文官可不行。李世民想了个办法，开设文学馆，招揽天下才俊充当顾问。这样一来，杜如晦、房玄龄、于志宁、苏世长等文人英才便顺理成章地进了天策府。

据说这个文人集团比较有名的共有18人，史称"秦王府十八学士"。既为文人，替主子参谋政治而外，免不了要品酒喝茶、吟诗作画,这些名流学士的集会也为艺术创作者留下了一个风雅的创作题材。

3. 开府的危害

李渊自身就经历了从开府到称帝的过程,而他的二儿子功高盖主、手握兵权,手下的如云猛将更是咄咄逼人,他不是不知道这样做的后果,但迫于压力还是给了李世民开府的特权。

开府是一种至高无上的荣耀,俨然国中之国,对那些劳苦功高的大臣来说,这是一种很好的安慰和笼络,唐朝得到这种奖掖的人也不在少数。比如武将尉迟恭,后来在太宗皇帝的酒宴上拳打朝廷命官,致使宴会不欢而散,太宗虽对他严重警告,但同时也给了他开府的特权。尉迟恭是个明白人,这还开什么府呢,赶紧研习丹药、学习乐器,安度晚年吧。

李世民当然不能和一般功臣比,他既是皇子,又督视各路兵马,如果让这个好不容易争取来的府衙变成康养中心,即便他想这么干,手底下的武将文人也不会答应。于是,类似玄武门之变的争斗必然发生,天策府也就必定变成这场争斗的策源地。

第八节　皇上的心思

1.《起居注》那点事

庄士敦在《紫禁城的黄昏》一书里讲到,清朝的乾隆皇帝在宁寿宫开辟了一个专门房间,堆砌一座类似大清国疆域沙盘的石山,一有闲暇就在那里静坐冥想。他在想什么呢? 是千古一帝的文治武功,还是朝廷内外的是是非非?

其实,想得再多也是徒劳无益。风流总被雨打风吹去,但帝王与百姓不一样,他们的功与过、罪与罚,都记载于一本本精心编辑的《起居注》里。

对《起居注》得多说两句。中国古代的政治家十分高明,为约束皇帝的言行,设立了"随侍君王,记录其言行"的专门职官:有史、郎、起居舍人等。各个朝代称呼不一,这些官员所记的叫作《起居注》,相当于皇帝言行、行政的实录,是撰修国史的基本材料,内容概不外传,君王也不得过问。

对绝大多数帝王来说,不管什么"注",记了就记了,两眼一闭谁还管得了那么多。可唐太宗李世民不一样,虽然历年征战、杀伐无数,但他非常在乎自己的名声,而最为耿耿于怀的莫过于玄武门事变。

手上的鲜血很容易洗干净,但心头的血痕无论怎么洗也洗不掉。他可以让全国人民避讳这件事,但《起居注》他管不了,这让他每每想起来就不免一身冷汗。

2."精心打扮"的《起居注》

为了不让那段不光彩的过往写进历史,李世民打起了《起居注》的主意。他先是让宰相房玄龄想办法,但立马被谏议大夫(专门提意见的官)顶了回去;后来直接找到负责《起居注》的褚遂良,依然吃了闭门羹。

唐·褚遂良书法作品《雁塔圣教序》(局部)

李世民是谁呀,能让这点儿事难住吗?他心一横,《起居注》

这点儿小事，就落在你房玄龄身上！褚遂良虽然可以秉笔直书，但作为宰相的房玄龄却不能不为皇帝和天下着想，也不能不想想自己的脑袋。于是，这部《起居注》便顺了皇帝的心思，要求《起居注》上的内容可以在朝堂上宣读，进而演绎成20卷《高祖实录》和20卷《太宗实录》。于是《起居注》不再是帝王日常实录，更是成为为帝王"涂脂抹粉"的工具。

由此看来，今人读史千万要擦亮眼睛，别被"实录"二字模糊了双眼。

3. 皇位是打出来的

说唐太宗李世民伟大，那倒也不是吹的。唐太宗从小聪明好学、文武双全也就罢了，关键人家17岁当兵，曾主动前往雁门关解救隋炀帝杨广，18岁随父亲四处征战，19岁与父兄于晋阳起兵反隋，从此开启征战生涯。

右领军大都督、右元帅、右翊卫大将军……他的官越做越大，手下的将士越来越多。建国后，他率领国家主力部队，踏上了消除割据势力、统一全国的征途，西北、中原、山东，一路打过去，后来即便当了皇帝，也要御驾亲征，北击突厥，东征朝鲜。

这位太宗不光打仗是一位好统帅，治理国家也是一把好手，早年在天策府时就以文学馆为招牌建立了文臣班底，当上皇帝后更是倚重这批臣子，励精图治，纳谏任贤，以贞观之治开启了大唐盛世的前奏。

4. 瑕不掩瑜毕竟有瑕

千古一帝功与过，任凭后人评说。即便修改了《起居注》，但李世民依然无法自行洗白，所有的掩饰美化都有暴露的一天。

为了让自己继承帝位合法化，《旧唐书》上说李世民是晋阳起兵的主谋。但是，他当时一则年幼，二则尚无功名，三则排行老二，因此，对起兵反隋这样的大事，只可能给父亲李渊敲敲边鼓，此说不可信。既然不是起兵主谋，想必李渊也就不会对他有立太子的许诺。况且，当时李世民寸功未建，作为官场老手的李渊也不会给出这样的承诺，而这个承诺却是李世民争储最重要的理由。

最关键的玄武门之变，李世民兄弟已经到了你死我活的地步，咱们不能因为同情失败者而只让李世民承担不义之名。他的错在于，将自己两兄弟的全家老小杀光。参与夺嫡之争的帮凶可杀，妇孺实在无辜，并且这一暴行开启了唐朝宫廷的滥杀之风。另外，他留下了李元吉的老婆并强行霸占，也给强占儿媳的唐明皇开了个坏头。

大唐的耀眼光芒被人为夸大，晃得后世的人眼睛发花，那些无法回避的恶行，很多时候后人根本就看不见。

第二张画 | 《牧马图》

《牧马图》

背景介绍：

朝代：唐朝

绘者：韩干

规格：27.5 cm×34.1 cm

类别：绢本设色

此图描绘了黑白二马，牧马官骑乘白马，手执黑马缰绳，缓慢前行的情景，现收藏于台北故宫博物院。

第一节 师法自然的画马大师

1. 大师成长史

唐朝人韩干是关中人(今陕西蓝田),却与关陇集团毫不相干。他生在普通的贫困之家,很小就不得不去小酒馆里打工挣钱讨生计。

不过,人生的际遇往往在瞬间改变。传说韩干有一次给王维府上送外卖,等候时在地上随意画了几笔。王维回府看见地上画的马透着一股灵气,连忙叫人把涂鸦的小子给叫了回来。王维何许人也,他可不只是写下"人闲桂花落,夜静春山空"等佳句的诗人,还是出身河东豪门王家的朝廷命官。

他不但给送酒伙计韩干找了绘画的老师,还帮他交学费,提供生活费。这一下,韩干真是走了狗屎运!王维找来的宫廷画师是何人?曹霸,比他祖上曹操的名字还霸气,不但擅长画马,还官至左武卫将军(不管朝政的散官),是唐玄宗的御用画师。

高人提携,名师指导,加上个人努力,韩干的绘画技能日渐精进,后来进了翰林院专攻画画,成为一代大师。此时,不由得让人想起一句话:千里马常有,伯乐不常有。如果说韩干是千里马,那么王维肯定就是相马大师伯乐了。不过,韩干绝对是聪明的千里马,懂得在什么时候表现才能!

2. 标新立异的马

马是六畜中的精灵，也是历代画师作画的惯用素材。唐朝画师阎立本、曹霸及弟子陈闳都是画马的高手。他们笔下的马"螭颈龙体、筋骨毕露、姿态飞腾"，好是好，但都是理想化了的、模式化的马。韩干画出的马却不一样，一匹匹体形肥硕，比例适当，神态安详，简直就是生活中的马跃然纸上。

这就是差别，也是大师的高明之处。难怪唐玄宗看了他的画眼前一亮，"前人的马是跟着老师学的，我画的是去马厩里看的。"经韩干提醒，玄宗皇帝再仔细瞧瞧，发现对方画的还当真是他的御马，像又不太像，但准确地抓住了马的健美、矫健、灵动的神韵。

30

唐·韦偃《双骑图》

对,这才是大唐气象!与其说韩干开创了画马新风尚,不如说他踩准了大唐的气韵。经过初期几代君臣的努力,到唐玄宗时期,唐朝国力强盛、疆域广阔,国内外的名马被源源不断地送到长安。

在冷兵器时代,马匹是无可替代的作战和运输工具,马匹的多少、好坏,也往往成为一个王朝国力强弱的标志。马在古代战争中作用显著,汉朝人就已经认识到马政的重要意义:"甲兵之本,国之大用。"

3. 画马的事业

强盛的唐朝人爱马、养马,平常也喜欢赛马、骑马打猎、打马球,而朝廷对马的喜好,更促进了画马艺术的盛行。

唐朝先后涌现出一大批画马大师,阎立本、梁令瓒、江都王、曹霸、陈闳、韦偃、韩干、韦无忝、张萱等。其中,曹霸、韩干、韦偃并称唐朝"画马三绝"。这些画家,本身就是朝廷命官,后因画马获得晋升,没有官职的授予官职,最不济的也进了翰林院,从此衣食无忧。

画师韩干专攻鞍马,留下了传世名作《照夜白图》《牧马图》《神骏图》《圉人呈马图》《胡人呈马图》等。这些画作题材广泛,内容丰富,为后人呈现了一幅万马奔腾的唐朝盛世图景。

有人为马立此存照,也有人写下赞美的诗篇。诗圣杜甫对曹霸、韩干等人的画马之作极尽赞美,自己也有直接写马的诗篇。他笔下的马有很多是老弱病残之马,虽然"锋棱瘦骨成",但依然"万里可横行",毕竟这些都是唐朝的马啊!

第二节　马背上的民族

1. 突厥人有好马

唐人爱马,爱的是马的强壮、马的力量,是对力量美学的崇拜。这种美学,源于北方。

唐朝的李氏先祖还是隋朝重臣的时候,中国的北方悄然兴起了一个强大部落——突厥。这个部落与其他部落结成联盟,不断武力扩张领土,在6世纪中叶后,已经占据了大兴安岭、辽河流域及咸海、中亚等辽阔地区。连续几个世纪,突厥人都南下骚扰,成为中原王朝挥之不去的梦魇。

突厥"其兴也勃,其亡也忽"(意思是强大和灭亡都很快),主要原因在于该部落的游牧属性——没有稳固的根据地。这一点与建立元朝的蒙古人相似。

既然是游牧民族,必然有优良的牧马。之后突厥部落迁居于阿尔泰山,此地是世界顶级好马的重要产区,比如广为传颂的汗血宝马。该地区处于干旱内陆,地域宽阔,出产的马"首似囊它,筋骼壮大,日中驰数百里"(《新唐书》)。一句话,马长得高大粗壮。多高呢? 高过蒙古马,马的骨体为134~142厘米。注意,这仅仅是马的骨体。这可不是随口胡说的,而是俄罗斯研究者对公元七八世纪时期的阿尔泰山墓葬进行考古,根据资料得出来的。

突厥马不只身材高大,还"技艺绝伦,筋骨合度,其能致远、田猎之用无比"。《唐会要》上讲得明白,这马天生就是长途奔袭、打仗围猎用的。

2.马背上的打铁匠

最初的突厥人只有数百户,处于蒙古高原柔然汗国的统治之下。他们以什么为生呢?资料上记载的是"世代为炼铁奴"。说白了,就是打铁匠,不过还得负责打铁的生产链——挖矿石,化铁水,再打制铁器。日子确实过得很苦!

冷兵器时代,形成战斗力的元素就那么几种。突厥部落基本占全了:战马,最为优秀的突厥马种;武器,拥有从马蹄铁到箭镞的一整套"军事工业体系";士兵,每位牧民都是能骑善射、臂力强劲的骑兵。在日常的游牧田猎生活中,突厥人从小就能骑善射,善于围捕追杀。突厥部落凭借武力迅速壮大,从最初的几百户扩张到数万人,最终成为最强大的北方汗国。

唐·韩干《圉人呈马图》

3. 强大的突厥骑兵

与唐朝相比,草原民族更是爱马如命。突厥人将马匹的质量和数量作为国力的标志。突厥贵族之间斗富,比的不是土地和草场,而是马匹。

突厥人日常游牧打猎,战时迅速集结,可以形成近40万的骑兵部队。部队由"附离"、控弦士兵、柘羯(赭羯)三部分组成。"附离"意为狼,即突厥可汗的近卫军,是最为精锐的部队;控弦士兵主要是弓箭手;柘羯或赭羯是骑兵。

突厥骑兵的强大战斗力源于优良的战马和素质优异的骑兵,也得益于先进的马具和武器。比如他们的马衔均为铁制,带扣为活扣,方便调整松紧;马镫常为8字形,方便双脚着力。

34

突厥人的兵器更是制作精良,例如有一种常见的三叶铁箭镞,镞叶上有小孔,箭镞下方有兽哨,射出发声的"鸣镝",对敌方形成极大的震慑。突厥骑兵使用特制的菱形长矛,专门对付敌人的重装铠甲。

突厥军队通常采用高速度运动战的战术,快速出击,打完就走,在草原上来往驰骋,对中原农耕地区的人民来说无异于"群狼捕羊"。因此,历代王朝对之又恨又怕,打不赢,就给钱、送女人(和亲),但突厥依然骚扰不止。庞大的突厥继续成为唐朝的大麻烦,直到唐玄宗时期方才慢慢消停。

第三节　唐朝的马政是逼出来的

1. 来自北方的威胁

强大的突厥一直是中原王朝的心头之患,而北方与中原双方基本上处于此消彼长的态势。中原出现南北朝的分裂局面时,突厥的势力最为强大;隋朝完成统一并逐步扩张,采取战争、利诱、分化、瓦解等套路,一度削弱了突厥的力量;隋末乱局出现,突厥又趁机扩张而变得空前强大,一度拥有上百万骑兵部队,契丹、室韦、吐谷浑、高昌等国家和地区纷纷归顺。

从617年开始,突厥以山西、陕西为突破口,采用隋朝的分化战术,将势力向南扩张。雁门的刘武周、朔方的梁师都、榆林的郭子和归顺突厥,被封为可汗,薛举、窦建德、李轨、高开道、王世充等割据势力也先后向突厥称臣。这些人当然不是心甘情愿臣服于北方,有的是迫于生存压力,大多数是想借助突厥的势力扩张地盘。

同样打这个算盘的还有李渊,他听从刘文静的建议,给突厥的始毕可汗写了一封亲笔信:"若能从我,不侵百姓,征伐所得,子女玉帛,皆可汗有之。"想当年,突厥人还是李渊的手下败将,而此时美女财宝任由对方拿,这是多大的耻辱!

35

2. 称臣换马

　　那是615年,李渊与马邑太守王仁恭迎击来犯的突厥兵。敌众我寡,大家都指望李渊,可他这位山西河东慰抚大使手头根本就没几个人。李渊想了个计策,选出2000精锐骑兵作为流动部队,效仿突厥人逐水草而居,整天骑马狩猎佯装没事干,另一边则挑选弓弩手设下埋伏。突厥兵首次遭遇这些骑马狩猎的人便犯疑不敢交战,隋军趁机发动攻击,一举将突厥人击溃。

36

唐·韩干《识马图》

　　两年后,李渊出任太原留守(地区最高军政长官),就是为了帮助隋朝抵御突厥人。不过,他这次想自己起兵干一番事业,于是便向突厥称臣示弱。这样可以得到两个好处:其一可以防止对方抄后路,其二也是最重要的是,获得突厥的军事援助。

很快,前往突厥的刘文静带回了好消息。突厥人先送来第一批1000匹宝马,接下来还有2000匹战马。李渊如获至宝地拿到了战马,突厥人则将这两笔投入当成原始股,除了享受随意劫掠"子女玉帛"和唐朝的赏赐等巨额分红外,他们还俨然以主子自居,就连派到长安城的使者也是横着走路。

3. 被逼养马

突厥人欲壑难填,于619年渡过黄河,联合地方割据势力准备大举进攻,如果不是始毕可汗突然病死,李渊的太原定然就被拿下了。接下来,继任的颉利可汗纵兵入侵,先后攻取并州、朔州、太原,大肆掠夺人口和财富,还一次次进逼关中平原。

37

唐朝不堪其扰,有大臣便提出放弃长安迁都襄汉的计划,李渊同意了,专门派官员去樊州、邓州一带为新都考察选址。幸亏李世民极力反对,还放话说迟早活捉颉利可汗,不然唐朝的历史很可能会改写。

不过,李世民的大话说早了。就在他刚刚即位的626年,颉利可汗亲自来了,还带着20万铁骑,驻扎在距长安城仅40里之地,越过渭水的便桥就可直取唐朝京师。李世民不愧久经战阵,大张旌旗,设置疑兵,亲自带领大臣和将士去渭水河边与颉利可汗会谈,以倾国库所有为代价,换来一纸"渭水之盟"。

太宗皇帝心里肯定将颉利可汗杀了一千回,但只能忍着!突厥耀武扬威,不就仗着骑兵、仗着马多吗?赶紧养马,抓紧战备。

隔朝时设在赤岸泽(今陕西大荔县)的马场不够大,就迁到陇右,把六盘山以西、黄河以东的广袤地区都用来养马。

第四节　空前绝后的养马事业

1. 牧监兴旺发达

李渊父子都是马背上的皇帝,当然知道马乃"甲兵之本"的重要性,但马匹的繁殖有个过程,而建国之初,唐朝所得之母马仅为突厥送的2000匹、隋朝留下来的3000匹。附带说一下,由于鲜卑部落建立的北魏王朝大兴养马事业,在此基础上兴起的隋朝并不缺马,在隋炀帝时还能调集组建50万的骑兵队伍,但后来绝大多数的官马被劫掠盗窃了。唐朝初年,康居国(疆域包括现在的新疆北部和部分中亚地区)随胡旋舞一起带来上等的大宛马有4000匹,这些马匹就是唐朝马政起步的基础,拢共也到不了一万匹。

唐朝的决心很大,让太仆寺(主管车马)少卿张万岁带着拼凑起来的这几千匹马,开启在西北地区的养马事业。经过张万岁三代人的努力,到唐高宗永徽年间(650~655年),军马一度达到了惊人的70万匹。牧监也发展为八坊:保乐、甘露、南普闰、普闰、岐阳、太平、宜禄、安定,分布于豳、岐、泾、宁等北方和西北州县,拥有种牧草的耕地1230顷;坊下设48监,5000匹为上监,3000匹为中监,其余的为下监。后来马匹太多，不得不分出八监到河曲地区。

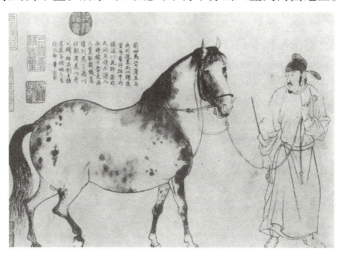

唐·韩干《牧马图》

39

2. 养马专家张万岁

　　唐朝养马事业兴旺，得益于国家的大力支持，也离不开一位养马专家——张万岁。

　　李渊在617年起兵后，刘武周也造了隋朝的反，而将当时的太守王仁恭斩首的，正是刘武周手下的张万岁。后来，刘武周部被李世民击败，张万岁与尉迟恭等人一起归顺了唐朝。

　　张万岁也打了不少仗，但与尉迟恭这样的名将比起来就差得太远了，所以后来李渊论功行赏，给了他一个正四品的太仆寺少卿也算不错了。张万岁是山西朔州人，养马倒也不生疏。上任不久，便给马制定了严格的伙食标准：每天藁（禾秆）1围、粟1斗、盐

6勺,哺乳的马加倍。他还严格执行官马登记制度和选育奖惩机制。如果马产了马驹,饲养者会得到一匹绢的奖赏,当然,干得不好也会受到打板子、流放等处罚。

张万岁家三代人长期坚守在荒凉偏远的陇西岗位上,极大地推动了唐朝的马政。之后的北宋神宗皇帝都极力称赞:"昔唐用张万岁三世典群牧,恩信行乎下,故马政修举,后世称为能吏。"他也许在想,要是我大宋朝有这么一位能吏该有多好。

3. 唐朝马的来源

养马本身是一件漫长而艰难的事业,即便张万岁呕心沥血,到贞观年间(627~649年)牧监的马匹也不过8万匹。马因为频繁的战争和疫病损耗巨大,比如在679年9月至次年2月,官马就损失了184900匹。这个数字是相当可怕的,我们可以对比一下南宋,当时的南宋整个国家都没有这么多马。

那么,在唐朝疆土上纵横驰骋的马匹从何而来呢?

边境互市是马匹的一个重要来源。唐朝通过境外贸易引进的马匹,主要用于改良国内的马种。比如开元年间(713~741年),国家每年向突厥买马3000~4000匹,有的年份甚至高达1.4万匹。一些北方国家逐渐控制好马的输出,于是,开元二年(714年),太常少卿给玄宗皇帝提了一条建议:鼓励民间向六胡州(唐朝境内北方少数民族自治区)买马,如购回30匹便可将购马人加封游击将军(从五品下的散官)。

除了官方和民间购买,周边国家和地区还会向唐朝朝贡马匹。康居国、龟兹、吐蕃都献过马,薛延陀汗国更献马5万匹。

战马来源还有另外一个大项,就是征战缴获。比如641年,李绩击败薛延陀,得到战马1.5万匹;714年,薛讷大败吐蕃,获马匹近8万。

第五节　天可汗的底气

1."天可汗"是这么来的

《资治通鉴》上记录了这样一件事,贞观四年(630年)三月,四方夷族首领来到长安,请求唐太宗做天可汗,太宗皇帝半推半就地问了一句:"我做大唐天子,还要做天可汗吗?"此时,满朝文武大臣和各族首领山呼"万岁"。从此以后,唐太宗便有了一个"天可汗"的尊号。

41

距离耻辱的"渭水之盟"仅过去4年,唐太宗就从虚张声势吓退突厥的新皇帝变成了四方来贺的"天可汗"。他是怎么做到的呢?"唐初四裔有弗率者,皆移兵讨之。"就是说有谁胆敢不听话的,唐朝马上发兵征讨,一直打到对方溃败灭国为止。

守护自己的疆土一直是君王的第一要务,为对付北方民族的骚扰,秦始皇修建举世闻名的长城,倒是把外敌挡住了,可陈胜吴广起义迅速让秦朝成为短命的王朝。面对突厥屡次入侵,有大臣在贞观二年(628年)建议修复(扩建)古长城和城堡,唐太宗一口回绝了:"朕方为公扫清沙漠,安用劳民远修障塞乎!"翻译成大白话,就是我要荡平漠北,彻底击溃突厥人,无须劳民伤财修长城。

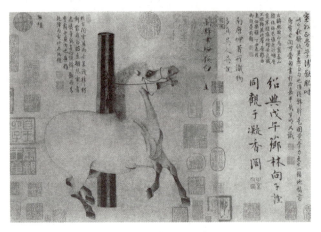

唐·韩干《照夜白》

2. 击溃东突厥

唐朝初年,北方周边有东西突厥、高昌、吐谷浑、鞑靼以及东突厥扶持的割据势力,最强大、最有危害性的是正北方向的东突厥。

在高祖李渊时代,唐军在624年与倾巢而出的东突厥军队干了几仗,分别将突厥兵击退。其中,李世民在五陇坂(今陕西凤翔西)用的是离间计,柴绍在杜阳谷(今陕西麟游西北)是直接交锋。当突厥人兵临长安城,李世民以身犯险前去谈判,却并非没有底牌:其一,他扣留了到朝廷来叫板的突厥大将军执失思力;其二,尉迟恭率领的精锐部队发动泾阳之战,将突厥的左翼军击溃。

谈判是一方面,打得赢才是硬道理。

渭水会盟后,唐太宗在政治、经济、军事各个方面采取措施积蓄国力,全部的工作重心转移到彻底击败东突厥这个目标上来。627年,唐朝收拾了刘武周的余部,第二年将朔方(今内蒙古白城子)的梁师都消灭,突厥内部的薛延陀、回纥、拔也古、同罗等部落接受了唐朝册封,而突利可汗不满长期受制于颉利可汗,也暗中向唐朝示好。

万事俱备,只欠东风。629年11月,东突厥军队进扰河西无功而返,却给唐朝出兵提供了最好的口实。630年,唐太宗发布诏令,兵分六路出击东突厥。李靖、尉迟恭、李绩、张公谨、柴绍、秦叔宝、程咬金、段志玄、刘弘基……一个个日后上了凌烟阁的名将,率领唐军主力倾城而出。

李靖长途奔袭,一举拿下襄城,颉利可汗败退阴山,派特使向唐太宗谢罪请降。唐太宗派外交官前往突厥抚慰。李靖与李绩会师,决定趁颉利可汗毫无防备之时亲率精骑万名奇袭阴山,捣毁了对方的巢穴。颉利可汗在向西逃窜过程中,遭遇李道宗的部队,被活捉到了长安。

搞定东突厥,北方国境安宁了,唐朝马上设置都督府,将疆域扩张到了现在的贝加尔湖一带。

3. 靠实力说话

唐军击败突厥,李世民被推举成为"天可汗",固然有一众对手自毁长城的客观原因。比如突厥靠武力征服薛延陀、回纥、契丹、吐谷浑、高昌等政权,组成的军政联盟确实有百万控弦之士,但貌似强大实则松散。东突厥高层内部也存在矛盾,被唐朝利用,来了个里应外合。加上连年征战,东突厥各部属和民众早生叛心,而最近几年境内遇上天灾,国力衰弱不少。

然而,起决定作用的还是唐军自身的强大。唐军从太原一路打过来,以晋阳起兵的旧部为核心,招纳归附的军队,滚雪球一般扩充了人马。为了提高军事素质,李世民修改前朝不许臣下带武器上殿的规定,每天亲自在显德殿指导士兵练习骑射,以身作则,很快培养出了一支精锐之师。

第六节　唐朝的军队有多强悍

44

1. 先看看战绩

在平定中原及江南割据势力的过程中,唐军不断壮大,成为一支极具杀伤力的强大武装力量。而且,力量还在不断发展,因为从建立唐朝开始直到唐玄宗后期的120多年时间里,唐军就没有停下过征战的步伐。

唐朝在629年倾全军主力灭了东突厥后,于640年攻打胆敢在西域截断"丝绸之路"的高昌国,结果活捉国王,直接将国灭掉。644年,唐军突袭叛乱的焉耆,活捉国王龙突骑支,并于647年灭掉复国的焉耆,随后拿下龟兹。两年后,五路大军击溃薛延陀,顺便设置燕然都护府。

到唐高宗时期,唐军于650年活捉车鼻可汗;661年,击败回纥;679年,平定突厥十姓可汗叛乱;就连唐朝一位出访的使臣王玄策,也顺手灭了兴妖作怪的中天竺国。

武则天时期,692年,唐军大败吐蕃,收复安西四镇,重新设立安西都护府。

唐玄宗时期,唐军击败西突厥,兵发葱岭各部,打败百济,灭高句丽。

唐朝的版图西至中亚咸海,毗邻波斯,东至朝鲜半岛。

动辄活捉异域国王,灭掉其全国!唐朝军队的名气,绝对是打出来的。

2. 府兵制

唐代军队承袭隋朝,依然实行府兵制。

府兵制,起源于西魏权臣宇文泰,经过北周、隋的发展,到唐初期逐渐完备,在唐太宗时期达到顶峰,于唐玄宗后期被废止。府兵制的最大特点是兵农合一。府兵平时耕田种地,农闲时训练,战时集结起来出征。

唐朝在全国各地设立折冲府,负责府兵的选拔、训练和集结。折冲府有上、中、下三个等级,上府有卫士(兵士的通称)1200名(可增至1500名),中府1000名,下府800名。每府设置折冲都尉、左右果毅都尉、别将、长史、兵曹参军等。府以下,300人为团,50人为队,10人为火。唐代军府总数不定,多时有633府。三分之一的兵力分布于关中地区,其余像岭南等非重要地区,不过几府。

府兵每年定期到部队服役，自带兵器、粮食、衣物、马匹等，期满回乡。边境重镇的边兵也由府兵轮番服役。

府兵制有一个极大的好处，那就是全民（成年男丁）皆兵，兵源充足；缺点是不及专业士兵那样训练有素。不过，唐太宗很早就认识到了这一点，不断加强军事训练，提高部队的作战能力。为了鼓励将士奋勇杀敌，唐军还大力奖励军功。战士只要获得军功，都可以升官授田，本来是田舍郎，一仗下来便成了军功地主。为了改变命运，很多士兵拼命杀敌，使得军队威力倍增。

3."神秘部队"玄甲军

兵民结合的府兵制，士兵的军事素质肯定不及天天训练的专业军人。每次征战，除了数量庞大的军队作为后盾，真正冲锋陷阵的是强将带领下的精锐部队，比如南宋岳飞的背嵬军。李世民也有一支这样的军队，名叫玄甲军。对此，《资治通鉴》中有载：

秦王世民选精锐千余骑，皆皂衣玄甲，分为左右队，使秦叔宝、程知节、尉迟敬德、翟长孙分将之。每战，世民亲被玄甲帅之为前锋，乘机进击，所向无不摧破，敌人畏之。

玄甲军由李世民一手打造，严格选拔，训练有素，装备精良。其由秦叔宝、程知节、尉迟敬德、翟长孙等唐朝名将分别率领，每次打仗，李世民都会冲在前面鼓舞士气。在以少胜多的虎牢关一战中，玄甲军的力量发挥到了极致。区区数千玄甲军，将王世充、窦建德的10万大军击溃。后来，玄甲军大部分用于消灭突厥的作战，到唐玄宗时代才彻底失去昔日雄风。

第七节　骑兵才是精锐

1. 劲马奔冲出奇兵

骑兵,无疑是唐朝军队的精锐(上文提到的玄甲军是骑兵中的精兵),厉害到什么程度? 629年,面对东突厥大军,李靖亲率3000骑兵,颉利可汗望风而逃,10万突厥军民都成了俘虏。苏定方曾率领1万名骑兵,与10万西突厥军队交战,取得决定性胜利。这样的战例不胜枚举。

要知道,东西突厥曾经是草原霸主,瘦死的骆驼比马大,何以到后来一触即溃呢?

突厥人自身衰落是一个方面,主要是对手——唐军太强大了。在《李卫公问对》中,太宗有这样的问话:"番兵惟劲马奔冲,此奇兵欤? 汉兵惟强弩犄角,此正兵欤?"

突厥骑兵的特点,以快马猛冲,突然袭击,类似于二战时期的闪电战,以迅雷不及掩耳之势挫敌于不备之时。在一千多年前的唐朝,"闪电战"的实施需要几个条件:优良的战马,训练有素的骑兵,称手的马上兵器。

对于唐朝来说,骑兵和兵器不难获得,但战马是硬伤。不过到了贞观年间(627~649年),唐军获得了足够的马匹装备,既有了"正兵",又有了"骑兵",军事力量与突厥发生了对调。

2.唐朝的骑兵

府兵到军中服役,都是自带马匹粮草和武器,而唐朝民间大量养马,很多人服役无须像花木兰那样"东市买骏马、西市买鞍鞯",直接骑上自家的马就上前线了。因此,唐朝军队中马多,解决了长距离行军的难题。

不过,马多并不意味拥有强大的骑兵,军马与民用马是有区别的。唐朝对军马要求很高,起码肩高在1.4米左右,对战马的要求则更高。马监会优先为骑兵挑选强壮的马,通过优中选优,保证唐军骑兵强大的冲击力和机动力。

48

在唐军的主力部队中,一个标准的军团有步兵12500名,骑兵5000~6000名,还有1000~2000名士兵组成辎重部队,合计约两万人马。唐军的骑兵由轻重骑兵结合,身穿更轻、防御能力更强的明光铠,配备弓弩,以马槊和横刀作为兵器。马槊是源于北方民族的一种长枪,总长1丈8尺,是对付敌方骑兵的威力巨大的武器。尉迟恭、李元吉等都是使用马槊的高手,还有一位单雄信也使用马槊,不过很早就死掉了。

3.骑兵的重要性

在李世民的建设下,装备精良的唐军在战斗技法上有了显著提高。在野战中,唐军常采用"锋矢阵"的阵形:队伍前面是轻装步兵陌刀队,接着是步兵、骑兵突击队,后面是弓弩手。

唐军弓弩手通常装备有射程从160步(约240米)到300步(约450米)的四种弓弩,甚至出现了专门攻城的可以多箭齐射的车弩。开战时,军中的弓弩手先一通仰射,相当于现代战争的炮火覆盖,接着是可怕的陌刀队。陌刀兵腰间配双弓双箭筒(左右各一),长柄陌刀一柄和长枪一条背在背后。陌刀队既可列阵,也可突击肉搏,往往能挫败对方第一波攻势。随后是骑兵,锐气已失的敌军,哪经得住重甲骑兵的冲撞突击,立刻兵败如山倒。战场上骑兵一上阵,往往胜负立判。

4. 骑兵的优势

49

唐朝军队会面临很多追击战、奔袭战,在地广人稀、幅员辽阔的草原沙漠地区,更需要骑兵突袭取胜,长距离行军和作战更是无可避免。李渊、李世民父子在早年的征战中就深知骑兵的重要性,唐朝建国初期,战马难得,他们便着手组建精锐骑兵。随着国力的恢复,到629年,唐朝已经建立起了一支数量可观的骑兵队伍。

有了强大的骑兵,唐军才得以在大漠戈壁纵横驰骋,多次发动大规模的军事远征。到唐玄宗时期,仅戍边军队就多达49万人,配备战马8万余匹。防御突厥和吐蕃的河西节度使旗下就拥有1.3万匹战马。相对于唐朝初年只有几千匹马而言,可想而知,此时的唐军有多强大!

第八节　情报后勤都是马的功劳

1. 发达的陆上交通网络

经过百余年的开疆拓土,唐朝的版图空前辽阔,疆域最大时东至日本海、南到安南、西抵咸海、北面直至贝加尔湖。在没有飞机、高铁的唐朝,最主要的交通工具是马,为了保证国内外交通顺畅,唐朝在隋朝的基础上建立了更为完备的馆驿制度。

从都城长安出发,有7条连接全国各地的主要驿道,分别通往西北(西域)、西南(川藏)、岭南(广州)、江浙福建、北方草原、山东及东北、川峡(三峡地区)。此外,还有7条国际性驿道,分别为从营州出发的安东道、从登州出海入高丽的渤海道、蒙古草原道、回鹘道、安西西域道、安南天竺道、广州通海驿道,分别连接朝鲜、日本、中亚各国、印度和东南亚各国(《新唐书》)。

2. 驿站必不可少

撇开海上航线不论,唐朝所有驿道都需要马匹和邮驿,因此每隔30里设1个馆驿(道路艰难的话距离更近),承担传送公文、迎来送往朝廷官员的职责。根据《唐六典》统计,在驿站事业发达的唐玄宗开元二十七年（739年），全国共设驿站1639个，其中陆驿1297个，水驿260个，水陆相兼的驿86个。

政府按照各个馆驿的重要程度，配备数量不等的驿马。比如都邑（都城长安和东都洛阳）等驿站配马75匹，其他州县馆驿分为6个等级，一等馆驿配60匹，二等45匹，三等30匹，四等18匹，五等12匹，六等8匹。

驿站的负责人为驿长，虽然无级无品，但需要家庭殷实的人才能担任，因为唐朝法令规定，驿马（或驴）死掉，由驿长补充。家里没有几头牲口，怎么补？

3. 驿站的运转体制

唐朝军队出征，需要及时传递战况和转运大量军需，不管是专门的情报后勤部队，还是其他朝廷工作人员，所有的迎送任务必然落在沿途驿站头上。于是就有了一个专有名词，叫"递驮"，就是沿途递发马（或牛、驴），驮运兵器什物。

为了确保信息和物资准确及时的传递，唐朝将全国的驿站交由兵部掌管，主管人员叫驾部郎中（相当于现在的国防部里主管交通的副部长），各地市州由司兵参军分管，县上由县令监督协调，驿站则由驿长全权负责。

驿站的经费直接从户税里划拨，是绝对有保障的。除经费外，每个驿站都在附近分有驿田，种植苜蓿等马的草料作物。驿田按照一匹马40亩的标准，如果附近有草场则减少5亩。传送的马，每匹20亩。从唐朝按"租庸调制"给每户男子分田100亩来

《驿使图》壁画砖

看,驿马的待遇还真不低。

驿站马多,却绝对不能"公马私乘",如有驿长私借驿马,可能会受到驿站降级、打100板子等处罚。驿站的驿夫（相当于现在的邮差）按照驿马的多少而定,一般三匹马配一名驿夫,一艘船配三名驿夫。驿夫通常收入不高,风餐露宿,十分辛苦。

然而,馆驿的接待标准却很高,到唐后期,还增添了馆驿使,专门负责接待工作。一些重要的驿站,还修建豪华的楼堂驿舍、花园池沼,供驿使专用。

驿使有两种:一是负责传递军务公文的人,相当于官（军）邮;二是出差的官员,他们或骑马,或乘轿,都由沿途驿站提供接待。

唐朝有四通八达的"高速公路"（驿道）,路上设有休息站和加油站（驿站）,还可以及时更换交通工具。因此,唐朝的邮驿业也非常发达。

52

章怀太子墓的壁画《狩猎出行图》

从这个角度来看，"一骑红尘妃子笑，无人知是荔枝来"也有点少见多怪了——作为当朝天子，让驿使捎带一点时令水果给皇家享用，在家天下的唐朝是一点儿也不过分的。在养马事业如此发达的唐朝，说送荔枝累死了多少匹驿马，那还是很值得怀疑的，因为按照相关法律，驿使在驿道上每天走多少驿是有严格规定的。

比如，乘驿（乘轿的）每天6驿，即180里；贬官每天不低于10驿，即300里；传递紧急公务命令的，每天须行500里，即16驿以上。违者会受到严厉的处罚。驿使到站，必须换马再走，倘不换马,会挨板子,如果累死了马,还要自掏腰包赔偿。

发达的交通,完善的馆驿制度,严格的管理体系,确保唐朝的政令和军务情报畅通无阻。

第三张画 | 《职贡图》

《职贡图》(局部)

背景介绍:

朝代:唐朝

绘者:阎立本

规格:61.5 cm×191.5 cm

类别:绢本设色

该画描绘的是唐太宗时,婆利国和罗刹国千里迢迢前来朝贡的情景,现收藏于台北故宫博物院。

第一节　不修长城的大帝国

1. 帝国的大画师

　　阎立本出身名门世家，外公是北周皇帝，他最初给秦王李世民担任库直（近侍），之后任刑部郎中、将作少监，后升至检校右丞相。将作监负责宫廷建筑装饰，倒是与他的绘画专业相符。

　　在崇尚军功的唐朝初年，以艺术（技术）得到官职的大臣并不受人待见，阎立本因此常受朝中大臣的讥讽："右相驰誉丹青。"不少人嘀咕：会描两笔画儿，怎么就位居宰辅了呢？

　　不过，幸好李世民不这么看，一个国家，既需要会打仗的，也需要会搞基础建设和文化的。

　　阎立本出生于建筑、艺术世家，父亲、哥哥都是书画、工艺美术及建筑工程方面的大师。且不说他在"将作"方面成就如何，单说他担任宫廷画师所留下的一幅幅反映唐朝政治生活的照片式画卷就很了不起。如《职贡图》《西域图》《外国图》《异园斗宝图》，每一幅都真实地反映了唐王朝与周边邦交国家及各民族的友好关系，而《魏徵进谏图》《帝王图》等画作记载了唐朝的政治生活，具有无可替代的史料价值。

　　盛世唐朝提供了丰富的创作素材，帝王借画作彰显文治武功,艺术家顺势而为、孜孜以求,以天才和勤奋为后世留下了一幅幅珍贵而华美的篇章。

2. 辽阔的疆域

即便做了四方来朝的"天可汗",唐太宗时代的版图依然不算大,不过唐朝皇帝具备一种非凡的底气和雄心,那就是不修建长城,只依靠武力和外交维持帝国。在两代帝王夯实的军事基础上,顺着这个发展思路,唐高宗终于打出了唐朝最为广阔的疆域。

具体到面积,有说1237万平方公里的,有说1076万平方公里的,由于高宗时所占领的中亚地区有太多的戈壁瀚海,具体数字并不重要。总之,唐朝的版图南面是罗伏州,今属越南,直到顺化一带;北面是玄阙州,今属俄罗斯,包括贝加尔湖至叶尼塞河下流一带;西面是安息州,今属乌兹别克斯坦,一直到中亚咸海以及呼罗珊地区,东临哥勿州(今吉林通化)。

为了管控这庞大的疆域,唐朝将全国划分为10道,设置总管府、都督府,由节度使分别管辖,府以下设置州、县。其对国内少数民族地区,则设立都护府,与各国的外交事务则由鸿胪寺统一管理。借助发达的驿道和驿站,依靠日行千里的快马,当然主要是强大的武力作后盾,唐朝政令快捷畅通,足以对浩瀚的疆土实施有效的管辖。

3. 全世界的中心

唐朝广泛开展对外交往,邦交国家遍布整个亚洲,向西还延伸到欧洲,甚至包括一些非洲国家。

从长安出发,向北经今蒙古地区到叶尼塞河、鄂毕河上游,向西可以抵达额尔齐斯河流域以西地区。西北面主要以"丝绸之路"为串联,出关中经河西走廊,从玉门关到今天的新疆境内,再分三路抵达中亚、西亚(西亚诸国古称大食、波斯、东罗马)、巴基斯坦和印度。西南面经过西川(今四川)到吐蕃、尼泊尔和印度(古称天竺),经过南诏、缅甸也可以到达印度。东面经过河北、辽东到达朝鲜半岛,从海上有三条航线通往日本。南面主要是南亚各国,从广州走海路经过越南海岸,穿过马六甲海峡到苏门答腊,可以由此地分别到达印度尼西亚的爪哇、斯里兰卡和印度。再往西,越过印度洋、阿拉伯海,能前往波斯湾沿岸。到埃及和东非的海上航线也开辟出来了。

唐朝是不修长城的、开放的王朝,有了这样的气度和政策,唐朝成了全世界的中心,都城长安更是中心的中心。大唐帝国的开放不但促进了自身发展,还加强了亚非各国的文化交流。

第二节　恩威并施的外交政策

1. 控制西域

外交从来都以军事实力为基础,唐朝有强大的实力,但并不想主动打仗,除非对言而无信且有世仇的突厥人,那肯定会"不破楼兰誓不还"。

灭了东突厥之后,唐朝在灵武至幽州地区设置羁縻府(针对少数民族的自治州)。西域小国纷纷归附,朝廷也就不再动用武力;之所以拿下高昌城,也是因为那个国王太"调皮",试图把持西域的交通线。后来,高昌城变成了安西都护府驻地,再后来都护府迁移到龟兹,这一带的少数民族部落被统一管理起来。

由于唐朝初步控制西域,令吐蕃的扩张受挫,吐蕃就与大食(即阿拉伯帝国)建立同盟,共同对付唐军。但此时正值唐朝最强盛的开元年间(713~741年),吐蕃与大食联军不但频频落败,还失去了他们在中亚重要的同盟国家——拔汗那。

2. 与大食的和战

由于距离的关系,阿拉伯帝国无疑在西域以西更有优势,唐军在西域以东又受到吐蕃军队的牵制,就想了一个办法,让已臣服的突厥人部落帮自己打仗。这个突厥人的部落叫突骑施,他们受命出征取得了多次胜利。开元十二年(724年),他们在东拔汗那首都渴塞城展开一场激战,大败大食军队,周围的康国、石国等小国家纷纷归附唐朝,阿拉伯人终于停止了东进的脚步。

这些成果单靠突骑施肯定不行,这里需要介绍一位高句丽人——高仙芝。此人乃一代名将,在天宝六年(747年)因击败吐蕃大军而一战成名,同时晋升为西节度使;三年后拿下石国(今乌兹别克斯坦的塔什干一带),751年,击败前来为石国报仇的大食军队。双方大军在怛逻斯(今哈萨克斯坦江的布尔州首府)展开激战,后由于各自的国家均发生了动乱,便双双放弃在中亚的争夺。

3. 与朝鲜半岛的战争

朝鲜半岛及今天中国东北的部分地区在唐朝初年存在三个国家:高句丽、百济、新罗。其中北面的高句丽最大,百济和新罗一东一西位于半岛最南端。

隋炀帝曾先后三次(612年、614年、615年)举全国之力攻打高句丽,均遭遇惨败,并引发了导致国家灭亡的农民起义。李渊建立唐朝后,高句丽对唐朝臣服、朝贡,接受唐王朝的册封。后来,也许是唐朝派人前去收殓当年的隋兵遗骸激起了高句丽人的敌意,高句丽转而提防唐朝,于631年修建长城,并与突厥结成联盟。

即便如此，双方依然保持友好，高句丽依然向唐朝朝贡。但贞观十六年（642年），高句丽权臣泉盖苏文掌握朝政并出兵进攻新罗，还搭上了小国百济。新罗一直是唐朝的铁哥们儿，这样一来，唐朝与高句丽的关系迅速恶化。

高句丽长期占据"辽东"，唐太宗表面不吱声，实则耿耿于怀，只是连续几仗都失败了，说不了硬话。但战争局势很快有了转机——唐朝击败突厥，并与新罗建立了联盟。贞观十八年（644年），时机成熟，唐太宗以张亮为平壤道行军大总管，沿途募兵，御驾亲征，消灭了高句丽的主力，并攻占了十多座城池。但太宗还是不满意，因为未能灭掉高句丽。

唐高宗争气，圆了太宗的梦。660年，百济居然联合高句丽，阻碍新罗向唐朝朝贡。唐高宗多次警告无效，只得用兵。名将苏定方率领十万水陆大军前往，百济望风投降。唐朝随后对高句丽连续用兵。668年，薛仁贵率3000人一举攻进平壤城，高句丽灭亡，被唐朝分成九个都督府，受设在平壤的安东都护府统管。

4. 历来用兵需谨慎

高句丽并不特别强大，但唐太宗亲自出征也未取得决定性胜利，先后耗费了二十多年的时间才彻底搞定。这似乎不像在大漠草原上势如破竹的唐军的风格。但事实上，这恰恰体现了唐朝怀柔与威慑并举的外交政策——能不打的仗尽量不打，让老百姓抓紧时间休养生息。

另外,这也是战争本身的因素决定的。一方面,高句丽地势崎岖,三面临海,不利于骑兵奔袭,也不利于开展大兵团作战;另一方面,高句丽处于突厥、靺鞨、新罗与百济之间,唐朝在这里用兵,牵涉到复杂的国际关系,突厥、百济以及日本,都先后直接或间接援助高句丽;再者,在航海业不太发达的当时,唐军要沿着渤海湾一路前往,长途行军和后勤粮草都是个问题。

第三节 "以夷制夷"

1. 远交近攻与渔翁得利

"王不如远交而近攻,得寸则王之寸,得尺亦王之尺也。"(《战国策·秦策》)李渊父子一定深谙"远交近攻"的道理,从起家时就贯彻了这种战略思想。

当年起兵时,李家军队从山西西南过潼关,再到长安城。对于远处中原核心地带的那支611年便开始发家的瓦岗军,他们不但不攻(当然也暂时无力进攻),反而拉拢示好,言下之意:我到我的长安城,你当你的山大王,咱们友好相处。瓦岗军在李密的带领下,苦战了7年,将隋朝折腾得要死不活。这时候,唐朝建起来,转而将遍体鳞伤的瓦岗军轻松收拾了。

与其说远交近攻,还不如说"以夷制夷"。隋末的不少割据势力都建号称帝,当然也可以算作唐朝的"夷"国。老谋深算的李渊知道,要夺取天下,必须首先占据关陇集团所在的汉中平原,拿下核心城市长安。因此,他对其余地方的"夷"采取友好和支持的态度。李密出身辽东豪族,曾祖父是西魏名将李弼,加入瓦岗军后夺取了领导权。随后,瓦岗军与隋军打了不少硬仗,力量壮大了不少,但其不是守天下的主儿,很快被另一割据势力王世充轻松击败。但到底还是让黄雀在后的李世民占了便宜,不费一兵一卒便接收了瓦岗军的老班底。

2. 如何成功实施"以夷制夷"

随后,"以夷制夷"的办法屡试不爽,唐军以十年时间(618～628年),将薛仁杲、刘武周、王世充、窦建德、萧铣、林士弘、梁师一个个都收拾干净。中国的封建王朝早就有这种策略和战术,比如《后汉书》里就有"以夷伐夷,不宜禁护"的论述,但并非每个君王都能把这种策略玩转,能否最后取胜还取决于使用者本身的能力。

打铁先要自身硬。"以夷制夷"的使用者首先要有足够的力量,还要团结一心防止堡垒从内部攻破;同时要防止另一个"夷"也有类似的想法。

这里不得不提后来的宋朝。北方民族一度被唐朝打得没脾气,但抓住唐末、五代乱世的机会迅速崛起,分别建立西夏、辽、金三个国家。北宋多年深受侵扰,著名宰相王安石提出了"以夷制夷"的战略构想。

这个思路本身没错,但统治者判断失误,方法也不对,最关键的还是自身力量不够。

章怀太子墓的壁画《客使图》

宣和四年（1122年）五月，北宋全国动员集结十多万大军，与金国约好一起攻打辽国。金国倒是很快拿下了辽国的都城，但宋军却被几万辽军收拾了。眼看宋军烂泥巴扶不上墙，金国约好归还的辽国土地也不给了，还反来了一个"以夷制夷"，顺势把北宋给灭了。

3."以夷制夷"要扶持弱小

回到唐朝，"以夷制夷"之所以一次次取得成功，唐军本身的强大是决定性因素，而众"夷"几乎没有分庭抗礼的能力也是一个客观因素。

还有，唐朝通常是以相对弱小的"夷"牵制较为强大的"夷"，利用回鹘、薛延陀等小国攻打东突厥，支持吐谷浑、高昌等小国压制西突厥，让"夷"的力量不断削弱，而自己不断壮大。不过，这里要再一次强调"自身强大"，自身不强，"以夷制夷"就是搬起石头砸自己的脚。

在贝加尔湖南边,有一个回鹘部落,本来是新疆北部中亚内陆的铁勒部落的一支,唐朝对其示好,并大力扶持。当然,唐朝是有目的的,那就是利用这个部落消灭突厥、薛延陀,并与吐蕃展开消耗战。事实上,唐朝成功了。

不过,北方民族并非"头脑简单、四肢发达"。回鹘背靠唐朝慢慢做大,于天宝三年(744年)建立回鹘汗国,控制了整个蒙古高原,包括周边地区。强大的回鹘倒是知恩图报,答应唐朝派兵平定安史之乱,但也顺手牵羊将富庶的长安洗劫一空。

第四节 "四夷"来朝

1. 一个使者灭掉一个国家

玄奘法师在前往西天取经的迢迢征程上跋涉之时,右卫长史(类似于现在的参谋长)王玄策出使中天竺(位于中古时期印度的中央区域),这一年是贞观二十一年(647年)。印度半岛的中天竺在641年派使节来过唐朝,王玄策于643年以副使的身份回访过一次,这次算得上是轻车熟路。

印度半岛在此时发生了一次政治动乱,权臣篡位,王玄策等三十余人被软禁。王玄策到底是出身行伍,见过大阵仗,想了个办法羊脱虎口之后,还做出了一个大胆的决定:利用唐朝使臣的身份,就近借兵征讨。

公文发出去后,吐蕃派来士兵1200名,泥婆罗(尼泊尔)派来7000骑兵,加上就地征召的天竺兵,凑了差不多一万兵力。这一支打着唐朝旗号的"多国联军",在王玄策的灵活指挥下,很快打败了篡位的权臣,还攻下了两座城池,斩杀上万人,随后击溃权臣的余部,最后干脆将中天竺给灭了。

王玄策一战成名,获得朝散大夫之职。这一战更打出了大唐的气势。这不,东天竺马上送来牛马珍宝示好。到691年,印度半岛的东、西、南、北、中五个天竺国国王一起前来长安朝贡。

2. 唐朝的外交策略

一名文官灭掉一个王国的事居然能在国外办成,王玄策的胆量和韬略是一方面,主要还在于他背后有强大的祖国。背靠军力强盛、皇帝和国民都自信满满的国家,作为使者的王玄策才有胆量做出如此不可思议的决定。另外,唐朝尚武,奖励军功的观念深入人心,也是此事成功的重要因素。

有着强大的综合国力,唐朝的外交显然很好办。于是,一个远交近攻、难交易攻的外交政策在鸿胪寺出台。

推翻隋朝后,唐朝第一步要做的当然是摆平各地的割据势力,同时消除支持突厥的各种力量,再将矛头对准强大的北方突厥。在持续的战争中,唐朝利用突厥内部上层矛盾、境内受灾的机会,联合回纥、薛延陀等势力,先灭东突厥,再搞定西突厥。西北安生了,其再对东北的朝鲜半岛用兵。

莫高窟壁画《张议潮统军出行图》

对遥远的阿拉伯帝国(古称大食),唐朝统治者是能打就打,不能打就撤,根本不像隋炀帝那样穷兵黩武。唐朝还有一个重要的外交政策,就是上文提到的"以夷制夷",尽量节约战争成本,保存自己的有生力量。

67

3. 好一幅《职贡图》

《职贡图》里画的是婆利国和罗刹国来唐朝朝贡的情景。婆利国又叫婆黎,故地在今天印度尼西亚的加里曼丹岛或巴厘岛。罗刹国应该也是海上之国,大约是僧伽罗(斯里兰卡)的前身。

职贡是两国交好的标志。鉴于大唐的强盛,很多国家主动前来朝贡。比如:643年,拂菻(东罗马帝国)派遣使臣来到唐朝,唐太宗回复国书,并赐给绫绮等礼物。651年,大食(阿拉伯帝国)派遣使臣前来示好,唐朝与其建立友好关系,安史之乱时,还向大食借兵帮忙。623年,林邑(今越南中南部)派来使臣,接下来狮子国(斯里兰卡)、骠国(缅甸)、真腊(柬埔寨)也纷纷前来朝贡。

　　当然,唐朝也会派使臣出访,或开展民间访问。如644年,唐朝派李义表出使印度,顺便与尼泊尔建立外交关系;唐高宗时,王明担任使臣前往吐火罗国(阿富汗),还册封了该国的国王。高僧玄奘、义净先后出访印度,鉴真大师东渡日本,都有一定的国家意志在里面。

第五节　朝贡与贸易

1. 以大国为中心的朝贡体系

　　"贡者,从下献上之称,谓以所出之谷,市其土地所生异物,献其所有,谓之厥贡。"也就是说,最早的"贡"指的是"异物",即特产。后来所谓朝贡,又叫进贡,一方将财物敬献另一方,以示归顺或友好,多指臣民给君主、藩属国向宗主国献上礼物,这些礼物称为贡品。

　　朝贡标志着地方或属国臣服于中央统治。在《职贡图》里,阎立本精细描绘了外国的朝贡队伍千里迢迢赶往长安的情形。使臣穿着白色长袍,骑着高头大马,身后侍卫举着伞和扇,随队人员带着各种奇特的贡物,有珊瑚、象牙、美酒等,还有一些箱笼瓶罐,队伍中居然有一只长着长角的牲畜。

从西汉(公元前3世纪)到清末(19世纪),中华地区与东亚、东南亚和中亚地区等国家建立了典型的朝贡体系,特别在东亚地区,中原王朝向来以天朝自居,唯我独尊。在农耕为本的清朝"康乾"时代及以前的王朝尚可维持朝贡,西方工业革命之后,这种体系自然瓦解,而那个依然端着"天朝"架子的大清帝国,在先进生产力的冲击下日渐崩塌。

《职贡图》(局部)

69

2. 朝贡贸易

朝贡本质上是"敬献",将各地品质优良、稀缺驰名的特产无偿献给宗主国或结盟国,形成了一种"主与仆"且与政治紧密结合的朝贡文化。不过,中华文化讲究"来而不往非礼也",民间通俗说法是"鸡去鸭回",送来送去,朝贡便由政治关系演进为经济关系,变成了一种特别的朝贡贸易。

经过历朝发展,唐朝对朝贡贸易已经驾轻就熟。中原王朝地大物博,但也有稀缺乃至根本不出产的"方物"(唐对贡品的叫法),比如西域的马,印度的大象、狮子,东南亚的香料、药物、木材。既然是天朝大国,历代皇帝对朝贡者肯定要有赏赐,并且赏赐颇丰。似乎世界各国都一样,看来老大也是不好当的。

唐朝的赏赐之物通常为纺织品,唐朝的绫罗绸缎品种繁多,产量丰富(唐朝规定以纺织品缴纳赋税),但也并不是随心所欲地给。比如赏赐朝臣,规格是赐物"十段",包括绢3匹(12丈)、布3端(15丈)、绵4屯(24两)。外国人来一趟不容易,赏赐的品种自然要丰富一些——给蕃客(外国人)的"十段"纺织品为:锦1张、绫2匹、缦3匹、绵4屯。

外国人以各种"方物"换回本国稀缺的纺织品,唐朝以丰富的纺织品换得各种紧缺稀罕的物资,这不就是物物交换的贸易吗?

3. 朝贡贸易并不是生意

唐朝在边境上设有互市,这才是真正的边贸生意。不过,国家发布《关市令》,规定不得将绫罗绸缎以及重金属制品等在边境集市上销售,更不能卖给外国人。

这样做一方面保证了朝贡中皇帝赏赐之物的独特性。正如现在的旅游产品,如果在各大城市的批发市场随处可见,那还有什么纪念意义？另一方面，朝贡贸易的起点是政治，不是自由贸易，送什么你说了算，但赏赐什么皇帝说了算。

但有时候，因为邻国支援了战争，或者唐朝急需战马，朝贡贸易便会出现不平等状态。唐朝除了加大赏赐，还会以不平等的价格购买西域的马匹。比如与突厥打仗的那几年，想要买马买不到，而回鹘在支援唐朝平定安史之乱后，唐朝需以40匹绢一匹马的价格向回鹘买马，每年最多会购回10万匹马，这显然是赔本生意。

不过，朝贡贸易总归是贸易，好歹为中原王朝封闭的小农经济撕开了一道口子，也给封建帝国带来了商品经济的启蒙。也许正因为如此，宋朝特别是南宋才大胆地将朝贡撇开，放开手脚搞贸易，只拥有半壁江山的南宋由此创造出了可观的经济效益。

第三张画 《职贡图》

71

第六节　大唐的文化软实力

1. 以和为主

唐朝的皇帝，特别是初期的几位都崇尚武功，同时也重视文治。比如太宗皇帝，尚未登基便在府内设立文学馆，以备将来的文治之臣；当上皇帝之后，更是不计前嫌地任用了以前太子党和隋朝旧臣里的文官，很快出现了"贞观之治"的大好局面。

上面指的是国内治理，对于国外，唐朝以武力为后盾，但也十分看重软实力的建设和运用。前文说过,在外交上,唐朝频频使用册封与"和亲"政策,尽量做到"不战而屈人之兵"。比如向朝鲜三国、薛延陀、高昌国,包括遥远的天竺和大食国,都是先礼后兵,实在不听话了,再发兵敲打一下。

在这方面,有一个国家比较典型,那就是高昌国。高昌国位于今天新疆维吾尔自治区的高昌,在502年建国。实际上,高昌早在汉代就是中国领土,本来一直对唐朝称臣示好,啥事没有,可在被西突厥控制后忘乎所以,不但攻打唐朝的附属国焉耆,还阻断西域通道。即便如此,唐朝还派出使者前往规劝,但高昌一次次地不听劝告,实在不能指望和平了,唐朝的20万大军便开始了在西域的千里征讨。

其对待朝鲜半岛的三国也是如此。不过,如果不是考虑到政治大局,唐朝为这些小国兴师动众,劳师袭远,实在是得不偿失。作为小国家,最好的榜样就是日本,与唐朝和平相处,派出一批批遣唐使过来,要什么就能得到什么,很快从落后的奴隶制国家发展成为发达的封建国家。

2. 开放与包容

唐朝有通往世界各地的驿道和海上航线,有利于物资输出和文化传播,一时成为世界各国经济文化交往的中心。细究下来,唐朝的"硬件"出类拔萃是一个方面,最主要的还是"软件"也过硬,这就是唐朝开放包容的国家政策和社会风气。比如,长安城的西城门叫开远门,城门是开放的,由此门出发能行多远呢?少说也有千万里,可以直达咸海。

如此开放的胸襟和态度,带来了外国的风尚和文化,多元文化在长安碰撞融合,催生出了引领国际潮流的时尚,创造出了走在全球前沿的科技和文化。基于此,唐朝又成为最有吸引力的国家。当时的世界各国都深受唐朝文化的影响,其人民在学习和发展中受益,绝大多数国家心甘情愿地臣服,并一直对中国满怀感激之情。

南朝梁·萧绎《职贡图》(局部)

3. 对各国的文化输出

朝鲜半岛上的三个国家,高句丽从隋朝开始就对西面的大国不友好,百济则基本倒向高句丽,而新罗一直归附唐朝,也更多地享受到了唐朝的发展红利。三个国家派出上百人的留学生团队,有的直接在唐朝为官。

前面提到过有一位来自朝鲜半岛的名将高仙芝,他是高句丽人。而新罗则派人在唐朝深入学习，回国后在本国建立了相似的政治制度和各级行政组织，引入了科举制，将《左传》《礼记》等作为考试教材，而《本草经》《素问》则作为医学教材，还利用汉字转化形成了本国文字，模仿唐朝历法建立本国历法，传播佛教。

从隋朝开始，朝廷便在安南（今越南）推行与内地一样的文教和人才选拔制度。与此同时，其还为此地居民带去了法典《唐律疏议》和儒家学说，当然，还有中国佛教。

8世纪（唐朝后期），越南出了一位姜公辅，出生于唐朝的爱州日南（今越南清化），考中唐朝进士，因护驾有功获得晋升，成为唐朝有名的宰相。9~10世纪（唐末~五代），越南独立，境内的各个王朝竞相学习、沿用唐朝的典章制度，其科举制度以诗赋经义为考试内容。

除东亚和东南亚近邻外，中亚地区的波斯与阿拉伯商人也会前往唐朝做生意，赚取了丰厚的利润，同时也带回了造纸、织锦等手工业技术并传到欧洲。以高昌为中转站，西域各国得到了唐朝丰富而先进的科技和文化，并将绘画、纺织、铸铁、凿井等技术传播到天竺、波斯、大食等国家，从而影响了欧洲乃至全世界。

第七节 遣唐使来华的目的有哪些？

1. 来自日本的"留学生"

由于中日关系的特殊性，以及日本曾向唐朝派出批次和数量众多的遣隋使、遣唐使，大量学习中国文化，有必要将唐朝对日本的外交情况拎出来专门叙述。

日本的早期可以分为"绳文时代"（约1.2万年前~公元前300年左右）、弥生时代（3世纪中叶）、古坟时代（分前、中、后三期，后期到8世纪初），飞鸟时代和奈良时代（差不多与隋唐同期）。这个遵奉太阳神（天照大神）的民族，自尊心极强。

75

自南朝便与中国有使节往来的日本，隋朝时就派来了遣隋使。前两次双方都客客气气的，隋朝大业四年（608年），日本人在给隋炀帝的国书里写了一句："日出处天子致书日没处天子无恙。"

自以为是地称天皇为"日出处天子"也就罢了，但你何来底气呼隋朝皇帝为"日没处天子"呢？

日本在600年派出第一批遣隋使时，发动了对新罗的攻击。其后来三次（607年、608年、614年）派遣遣隋使，一方面是学习隋朝的先进文化和制度，还企图带回佛教控制本国人们的思想；另一方面是向隋朝示好，让其可以暗度陈仓，偷偷在朝鲜半岛扩张势力。

心气高、雄心大的隋炀帝，当然不乐意被称为"日没处天子"。只是他用兵不当，三次征讨高句丽的战争，都没能取得决定性胜利，不然一举攻占朝鲜半岛，也就断了日本的垂涎之心。

2. 遣唐使的意图

如果说在隋炀帝忙于出巡北边（榆林一带）并抓壮丁修筑长城的时候，日本还有那么一点机会，那么，随着唐朝建立并不断对外扩展，特别在对高句丽持续用兵最终搞定朝鲜半岛后，日本就赶紧藏起了那点可怜的野心。

623年，日本天皇从惠齐、惠日等多年留学中国的僧人那里听闻唐朝的繁华昌盛，便做好了俯首虚心学习的准备，于630年开始，相继派出了19批遣唐使。

日本派遣使者来的主要目的是，通过对唐朝先进的政治、经济和文化制度的学习和借鉴，去除自身的积弊，改良政治制度和体系，促进本国的发展。

这是意义非凡的官派留学活动，日本自然重视，优先选拔文化素养较高和外交经验丰富的优秀人才。其中最有名的是阿倍仲麻吕，他来到唐朝后取名晁衡，成为李白、王维的好朋友，曾担任唐朝秘书监（国家图书馆馆长）一职，充分说明他具有较高的文化素质。

在长达两百多年的遣唐使派送过程中，日本在各个时期的目的都不一样。最开始几批，主要为了学习唐朝先进的中央集权体制，同时试探唐朝对朝鲜半岛诸国的态度，并缓和在朝鲜半岛问题上与唐朝的矛盾。唐朝灭了高句丽和百济，让新罗统一朝鲜半岛后，日本收起了对朝鲜半岛的野心。这期间遣唐使主要埋头学习，广泛吸收和引进唐朝的先进文化和技术，带来了国内文化的繁荣。到8世纪末叶至9世纪中叶，唐朝开始衰落，日本开始大幅度缩减遣唐使，并极力劝回在唐朝的学者和僧人。

3. 日本的收获

日本的遣唐使素质都很高，以阿倍仲麻吕为代表的大批日本籍人才为唐朝的建设和繁荣做出了一定的贡献。当然，最大的赢家肯定是日本。

646年，日本觉得小打小闹向邻国学习已经不过瘾了，便按照隋唐的制度，开启了著名的"大化改新"。日本改革了全国的官制，部分引进了科举考试，参照中国法律制定了《大宝律令》。

日本还按照长安城的模式建设新都城平城京（今奈良），不但形制一样，连街道都取了"朱雀街"等名字。8世纪以后，日本人在汉字的基础上创造了日文假名字母。其他如生活方式、风俗习惯也都参考唐朝，就连放假过节也跟唐朝学习，现在日本的茶道即是保留了很多唐代品茶的习俗。

就是这样的一位"好学生"，从明朝开始不断骚扰友善的邻居，直到近现代，干脆恩将仇报大举入侵。"发展才是硬道理"，这不仅对我们国家有用，也适用于任何人。

第八节　有些东西花钱也买不到

1.唐朝付出了什么

　　唐朝设有鸿胪寺专门办外交,各国使节或部落朝拜者踏入唐朝国门便成了尊贵的客人,沿途有接待,到京城有免费的高档食宿,离开时还有价值远高于朝贡的馈赠,有的还会专门护送回国。对强盛的唐朝来说,吃点拿点倒也不算什么,但最高峰时前来朝贡的有三百多蕃(国、附属国或部落),平常也有几十蕃(据《唐六典》卷4记载)。

　　这些臣服国家所提出的合理要求,比如派一支部队过去维护地区和平、保证商旅安全,派一个"工作组"前去提供技术援助等,唐朝通常会痛快答应并且不收一分钱。

　　唐朝有各级官办学校,最高学府是国学和太学,除吸纳高官和贵族的子弟,还接纳各国的留学生。《唐会要·卷三十五》载"国学之内,八千余人",这里面就有来自高句丽、百济、新罗、高昌、吐蕃等国家的王室子弟和权贵子弟,而日本在开元五年(717年)一次就派来500名留学生,新罗的留学生也在200名以上。

　　唐朝对外国留学生一律免费,非但如此,一旦进入大唐国境,衣食住行也都由政府包了。

　　人们不禁要问了,唐朝为何要当冤大头啊?

2. 唐朝得到了什么

唐朝为外国培养留学生,也得到不少优秀人才,如上文说过的日本的阿倍仲麻吕,历仕玄宗、肃宗、代宗三朝;越南的姜公辅官至宰相;新罗的崔致远,进士及第后在中国做官多年;大食国的李彦升也考中了进士。需要注意的是,外国人考中进士有唐朝考试院照顾的成分。

除此之外,还有很多优秀的外国人才为唐所用,直接服务于唐朝的行政管理。另外,也是主要的,他们为本国带去了唐朝的影响力。比如崔致远被新罗人誉为"儒宗""文学之祖"。要知道,文化的崇拜和对大国威力的心悦诚服,比起武力的征服,不知道要强多少倍。

文化的输出,直接促进了唐朝的贸易。丝绸之路在唐代最为发达和繁忙,大食以及中亚诸国使者和商人纷纷进入中原,旅居扬州、长安等地,带来了贸易繁荣和西部开发。唐朝的对外贸易还表现在海上,比如当时的广州城,就有来自东南亚、西亚、印度、欧洲和非洲各国的商人及其他人员,总计超过80万。这些人回到各自的国家或地区,继续传播东方文化,促进了民间文化和贸易交流。

3. 花钱也买不来的大国气象

也许，从唐太宗被推崇为"天可汗"的那天起，唐朝就树立了以长安为中心的大国外交思想。凭借强盛的国力和先进的文化，唐朝将外交范围扩展到了整个亚洲地区，以及欧洲、非洲各国，即便唐中后期有战争和内乱，依然能保持连续的外交活动。比如，其与大食、中天竺发生战争，但国家之间的外交依然没有中断。唐朝的外交领域扩大到政治、经济、文化、宗教等各个方面，既有官方外交，也有民间往来，还有宗教的互相传播。

唐朝通过制度、文化、科学知识和生产技术等的推广和传播，推动了世界各国的发展，也扩大了自身的影响力，从而形成了中华文化圈，推动了亚洲乃至全球文明的进步。唐朝获得且创造了世界一流的科学和文化，让国家的经济和文化保持持续的繁荣。

唐朝的外交也告诉我们，发展是硬道理，开放包容是永远的主题。

第四张画 《步辇图》

《步辇图》(局部)

背景介绍：

    朝代：唐朝

    绘者：阎立本

    规格：38.5 cm×129.6 cm

    类别：绢本设色

    此图为中国十大传世名画之一，为唐代绘画的代表性作品，表现的是贞观十四年(640年)，吐蕃王松赞干布派使者禄东赞到长安通聘，朝见唐太宗时的场景。作品具有珍贵的历史和艺术价值，现藏于故宫博物院。

第一节　李世民的梦想

1. 看图讲故事

对于《步辇图》的真伪，历代专家学者和收藏家都有不同的看法，咱们先撇开这一点不论，先就画论画。论画也不论画的技法，单说画中的人物，而说到人物，画中最核心的莫过于唐太宗李世民了。

82

为了表现皇帝的光辉形象，画师可谓煞费苦心。他让步辇和两面掌扇构成一个三角形框架，其中的人物自然成了整幅画的焦点。此外，焦点人物体形比周围的宫女大了将近一倍，画中的唐太宗正襟危坐，目光威严，神情肃穆，将大唐天子的气度和威严展露无遗。其他人物无不对其形成衬托：娇小、婀娜的宫女，谦逊的使者禄东赞，称职的通译(翻译官)都很瘦削。

另外，整幅画是暖色调，以大红为主，充满喜庆而欢乐的气氛。礼仪官的官服、宫女的罗衫、华盖的顶子，都是红色。

画表现的是什么？

提亲。松赞干布派来他的大臣禄东赞，向太宗皇帝提亲来了。

2. 大一统与天下一家

李世民从哥哥手里夺走皇位继承权,在坐镇长安之后,渐渐生出了统一全国包括周边少数民族的"大一统"雄心。李唐王朝有鲜卑族血统,李渊之前又长期在山西北部为官,与朔北的少数民族有较多的接触。如此种种,使得唐初的帝王很容易接受"胡汉一家"的思想。

南北朝以来,突厥一直骚扰中原,也遭遇了几次较大的打击,但很快就恢复壮大了。唐军于630年灭了东突厥,唐朝版图急剧扩大,如何处置数十万突厥部众是一个棘手的问题。就此,朝堂会议上出现了两派。以温彦博为首的一派坚持效仿汉武帝的做法,将投降过来的突厥人异地安置。这样有两个好处,其一可以开拓垦殖荒芜之地,其二可以显示朝廷的怀柔。以魏徵为首的一派则认为,如果将这么多突厥人安置到内地,过段时间会繁衍出成倍的人丁,势必成为朝廷的心腹大患,因此提出突厥人不能迁居,更不能迁移到黄河以南。

温彦博是中书令,朝廷的首席宰相,位高权重;魏徵是秘书监(相当于国家图书馆馆长),但敢于直谏,深得皇帝信任。好在二者都是忠贞为国,为了大唐的安危争论不休。最后太宗皇帝拍板,采纳温彦博的建议,将这些突厥人迁入内地,设立顺、佑、长、比四州都督府,并安置在河北至宁夏一线,安排突厥的首领和贵族当官,分开自治。

3. 先进的民族融合思想

　　两位意见相左的大臣出发点都是为了国家,但皇帝和大臣站在的高度不一样,列位臣子的经历各不相同,对待少数民族的态度也就有不同。魏徵的祖籍在今天的河北晋州市,站在中原人的立场上;温彦博出生于山西祁县,对北方少数民族有更多的熟悉和认同感,对民族问题的看法也更接近于太宗皇帝。

　　首先,温彦博绝不肯放弃国家的尺寸之地。唐高祖一度想放弃对高句丽的统治,温彦博赶紧说不可! 一旦放弃,"四夷诸国如何瞻仰大唐威仪"? 这一点,他与太宗高度契合。实际上,这位温宰相对突厥人是有切肤之痛的。625年,他与大批唐军成了突厥的俘虏,面对颉利可汗的审讯不肯泄露任何军事机密,被流放阴山,在渭水会盟后才被解救回朝。

　　即便如此,他也不改对少数民族宽容相待的初衷,看来确实是为国家着想。当然,如何管理各少数民族,李世民心里肯定有数,借用温彦博的话来说就是:"死而生之,亡而存之。怀我厚恩,终无叛逆。"(《旧唐书》)

　　这样的民族思想,贯穿唐朝民族政策始终,对于一个多民族国家的建设起到了至关重要的作用。

第二节　内外有别的民族政策

1. 民族政策不受突发事件影响

几年后，李世民"天下一家"的民族思想受到空前挑战，而事情得从今天的陕西省宝鸡市的天台山说起。当时山下本来有座仁寿宫，是隋文帝在595年修建的。631年，唐朝将其修复扩建成"九成宫"，是李世民的第一离宫。

贞观十三年（639年）四月，唐太宗来九成宫小住，阿史那结社率（以下简称结社率）挟持突利可汗的儿子贺逻鹘，带领40多人连夜发动攻击。这起事变迅速失败，结社率被斩杀，贺逻鹘被流放。结社率是始毕可汗的儿子、贺逻鹘的叔叔，归附唐朝后被任命为中郎将（正四品下），本来事业还有奔头，却因诬告哥哥谋反被太宗皇帝打入冷宫，感觉翻身无望于是有了二心。

经历此事件后，太宗将突厥人送回黄河以北的原住地——定襄城（山西大同西北），并选任了新的可汗，同时发文给薛延陀和突厥，要他们和平相处。朝廷就事论事，只让东突厥人搬迁，并未有其他苛刻的处置，民族政策也并未有丝毫改变。

这年十二月，吐谷浑国王前来朝见，唐太宗将女儿（据说是宗室之女）嫁给他。这个女儿便是17岁的弘化公主，是唐朝第一位和亲公主。

现在的大昭寺

2. 民族政策的持续性

86

　　突厥人不听话,赶走;吐谷浑来朝,把公主嫁过去。这些举动看起来,唐太宗和他的一干名臣似乎太不像政治家。实际情况如何呢?

　　先看吐谷浑,本身就是鲜卑族的一支,名字源于强悍的族人——慕容吐谷浑,329年成为汗国的国号。也就差不多这个时期,吐谷浑进入青海湖流域,成为一个畜牧业发达的草原国家。吐谷浑在南北朝时期风光了一阵,与隋朝有过几次各有胜负的战争。634年,唐太宗先后派段志玄、李靖带大军征讨,迫使其归附为属国。

　　再次提醒一下,李唐皇帝一家有鲜卑血统,与吐谷浑有亲缘关系,这可能是促使李世民痛快答应与吐谷浑和亲的原因之一。早在634年,吐蕃王松赞干布派使者前来求婚就碰了一鼻子灰。

求婚不成,松赞干布做的第一件事就是出兵吐谷浑,威胁到唐朝松州的安全。

在这种情况下,唐太宗将公主嫁到青海湖,完全是为了稳住吐谷浑,为征伐吐蕃争取时间。因此,唐朝的民族政策是持续而稳定的,某些偶然事件发生后可能会有暂时的权宜之计,但不会做出大的改变。这也是唐朝统治近三百年,周边少数民族大体安稳,并未出现"五胡乱华"和后来几个朝代那样因北方民族导致政权面临崩溃的原因。

3. 唐朝的灵活与包容

唐朝境内外少数民族众多,如突厥、回鹘、党项、吐谷浑、奚、契丹、靺鞨、匈奴、六诏等(吐蕃、六诏、靺鞨等族在唐代分别建国,但其领域现在大部分属于中国,故而纳入民族论述)。为了对这些民族实施有效的统治和管理,朝廷采取了灵活多样的民族政策。

对实在不听话的,打。

比如唐朝初年用兵主要对付东突厥,一直将其打到灭国,唐朝的北部边境从此才安定下来。其对听话或打倒臣服的,及时设立都督府和都护府,在维护国家统一的基础上,实施充分的民族自治。其对鞭长莫及的地区,便采取册封的方式,如册封靺鞨、南诏等首领为王。其对那些暂时棘手的政权,便以和亲等方式建立同盟关系,如吐谷浑、吐蕃等。

我们可以看到,不管实行什么样的政策,唐朝国富民强、兵力充足,为解决民族问题提供了强大的基础,包容、开明、灵活的政策与天下一家的思想得以顺利贯彻,各少数民族与中原民族共同创造了大唐盛世。

第三节 "安"字当头的都护府

1. 汉朝西域都护府

88

都护府,尤其带"安"字的都护府得从2000多年前的西汉说起。那时,北方有一个强大的政权——匈奴,西汉初期与匈奴的几次战争中连连失败,不得不妥协议和。

经过一段时间的"休养生息",西汉出现"文景之治"的繁荣景象,并凭借强盛的国力开启"徙民""输粟"等边防建设,鼓励百姓"实(充实)边"的同时,大力发展马政,培养骑兵和军事人才。经过几代皇帝励精图治,汉武帝终于开始对匈奴实施战略反击。

西汉采用大骑兵团长途奔袭、孤军深入的作战方式,相继展开了马邑之战等十余次大规模的反击战。这期间,涌现出了卫青、霍去病、李息、李广利等伟大的将军,特别是河西之战、漠北之战,霍去病率精兵长距离突进,纵深迂回,最终"封狼居胥",歼灭了匈奴的精锐。

汉宣帝时继续用兵,并于公元前60年设立西域都护府,实现对西域地区的管理。公元前36年,西域副校尉陈汤带兵灭了北匈奴,终结了与匈奴的百年之战。他留下的"犯我强汉者,虽远必诛"的豪言,至今犹在耳畔。

2. 都护就是总监护

之所以花大量文字叙述西汉的故事,一是为了回顾都护府设置的起源,二是说明都护府的设置就是建立在强盛的国力和胜利的战争基础上的。唐朝自然也不例外,通过一系列的战争,终于在贞观十四年(640年)设立安西都护府,加上后来的安东、东夷、安北、单于、北庭、昆陵、蒙池、安南,全国一共有9个都护府。

"都护"意为"总监护",是汉唐在边境少数民族地区的最高行政机构。都护府内设都护、副都护、长史、司马等职位,主要管军事;而录事参军事、录事、诸曹参军事、参军事等职位,虽然大多有"军"字,主要职责却是地区行政管理。大都护府的都护通常由王室成员兼任,当然,他们是不会去那么偏远的苦寒之地上班的,常务工作都由副都护完成。

3. 都护府为的是"安"

由于种种原因,到唐玄宗时,九大都护府只剩下安东、安北、单于、安西、北庭、安南6个都护府。

最早成立的安西都护府管辖范围包括今我国新疆地区和中

亚一些国家，幅员相当辽阔，在其存在的 168 年间（自 640 年至808 年），为维护西域稳定、保证丝路安全做出了重大贡献。668年，唐高宗完成祖辈的心愿灭了高句丽，在平壤设置安东都护府，管辖辽东半岛、朝鲜半岛北部和西南部、吉林西北等地。唐朝的东面与西面安定下来。669 年，原瀚海都护府改成安北都护府，管辖漠北，大致为今蒙古国全境及俄罗斯西伯利亚南部地区。679 年，交州都督府升格成安南都护府，治所在今天的越南河内，管辖今越南北部及我国云南、广西部分地区。

单于都护府，主要管辖今内蒙古、山西等地，因与突厥时战时和，该都护府几易其名。北庭都护府成立较晚（702 年），主要管辖天山北路的 23 个州，并将昆陵、蒙池两个都护府划了过来。北庭都护府是从安西都护府分出来的，管辖西到咸海，北抵额尔齐斯河及巴尔喀什湖的辽阔地区，而安西都护府则只管天山南部和葱岭以西。

90

4. 都护府的消失

都护府的设置，是唐朝对边疆地区各民族有效管理的需要，也是国力强盛的标志。但到了唐玄宗后期，国力日渐衰落，一些周边民族强大起来，不再服从朝廷的管辖，各大都护府也就失去了存在的价值。换句话说，唐朝失去了对这些民族地区的控制。

随着唐朝灭亡和五代十国的出现，中原地区缺乏一个强有力的王朝，部分强悍的少数民族则趁机坐大。特别是党项、契丹、女真等民族更是野心勃勃,将汉民族生活区域一步步挤压,直至南宋被迫偏安长江流域。

直到三百多年之后,唐朝以都护府获得的辽阔疆域,才在元明清三朝陆续展现。

第四节　充分"自治"的羁縻制

1. "羁縻"的正解

91

按照唐代司马贞所著的《史记索隐》里的解释,羁指马络头,縻指牛靷,"羁縻"分别为马笼头、牛缰绳。"羁縻"二字合起来,就是笼络控制的意思。

援用到国家政策上,"羁縻",首先是"羁",即以政治和军事手段控制;其次是"縻",用经济和物质手段作为引诱和抚慰。羁縻政策源于秦汉,隋唐设立羁縻府州。

唐朝在少数民族聚居地区设立"羁縻府州",保留该地民族的生产生活方式和风俗习惯,以本族的贵族首领担任府州的长官(被任命为都督或刺史)。

唐朝初年,在临涂(今汶川西南)等羌族聚居区设立3个县,此后,唐朝便大量设置羁縻府州,大的设都督府,小的设州,更小的设县。州属于都督府,都督府属于都护府,都护府属于边疆的道。

　　唐朝有多少羁縻府州呢?《新唐书》上说,羁縻府有 43 个,羁
縻州有 136 个。其中,有隶属于关内各道的府州,如突厥、回鹘、
党项、吐谷浑等;还有其他的府州,有的与突厥的级别一样,有的
类似于契丹、靺鞨、高句丽等。

南朝梁·萧绎《职贡图》(局部)

2. 唐朝的羁縻府州

　　羁縻府州的都督和刺史实行世袭制,在本地享有高度自主
权,有朝贡和帮助朝廷出兵的义务。羁縻府州的主要官员由唐朝
皇帝册封、任命,但得不到朝廷的俸禄,要想得到俸禄,必须正式
投降成为唐朝官吏系统中的正式一员。

　　最重要的一点,羁縻府州还不一定是唐朝的领土。归附的府
州一定是唐朝的领土,边远地区的府州是不是唐朝的领土,取决
于这些府州对朝廷是反叛还是臣服。有些羁縻府州徒有虚名,比
如在局面复杂的东北地区,渤海国是独立的,只是名义上的忽汗

州都督;黑水靺鞨虽然设有都督府,但朝廷对其根本没有控制力;至于室韦,只是一些分散的部落,朝廷也就只有实行个别分封政策而无法施行统一领导。朝鲜半岛上的百济和高句丽被唐朝灭掉,新罗于676年完成统一,与唐朝划江(今清川江)而治,但表面上还是唐朝的鸡林州都督府管辖地。吐蕃、六诏等是独立政权,更不能被视为唐朝的领土。

由此可见,羁縻制是封建王朝的一种统治制度,具有皇帝册封、拱卫中央、上缴税赋或朝贡的职能,除部分名义上的羁縻地区,大多数羁縻地都属于王朝的领土。

3. 羁縻府州的民族自治

羁縻制有现代民族区域自治制度的雏形,但二者有本质区别。

现代民族区域自治制度是在国家统一领导下的自治,是各种因素结合的产物。各民族自治机关是中央政府领导下的一级地方政权,必须服从中央统一领导。

唐朝的羁縻制看似充分自治,实则反映了朝廷对地方控制能力不足,便退后一步采取羁縻政策,是封建王朝对地方政权的一种妥协。突厥、铁勒、西域、党项、吐谷浑、契丹等各大羁縻州看似紧密地拱卫朝廷中央,共同组成辽阔的大唐疆域,但有不少地区实际上各自为政,一旦中枢稍微力有不逮,就不再听从朝廷号令。

同时,缺乏中央统一领导的自治是盲目的自治,所谓的羁縻对少数民族地区的发展其实非常不利。比如在西南和岭南地区设立蛮羁縻州，由本地豪酋把持地方政权，排斥汉族先进科学文化，反而成了一种文明的退步。

第五节　大唐的气度

1. "赐"通常都多于"贡"

在《步辇图》上，阎立本刻意强调太宗的伟岸体态与典礼官的华丽衣着，充分展示出一种"天可汗"的大唐气度。其实，大唐的气度无须刻意表现，实实在在就在那里。特别是对各民族兄弟来说，大唐是魅力和权威兼具、让他们心服口服的政权。

虽然大唐有活跃的"朝贡贸易"，但前提肯定是"朝贡"，想来长安和大唐拉关系的首先要具备朝贡资格，即不在朝廷的官僚体系之中。换句话说，唐朝直接管理的地方向朝廷缴纳赋税就不能叫作朝贡。河西各部、回鹘、吐蕃、党项、女真等藩属国才可以朝贡，有关朝贡的具体事宜分别由鸿胪寺内的都亭西驿及管干所、礼宾院、怀远驿负责。

对朝廷来说，朝贡意味着归顺，意味着纳入了"天可汗"的管辖范围。因此，"凡酋渠首领朝见者，则馆而以礼供之"。大唐会对前来朝见的民族首领以礼相待。朝廷会根据朝贡"方物"的价值，决定赏赐的多少。一般情况下，朝廷的赏赐都比地方的朝贡之物多得多。

　　说到底，只要你老实听话，钱不是问题。唐朝皇帝要的就是"八方来贡，万国来朝"的盛世景象，当然，其中安定边疆等政治目的的意义也不言而喻。

2. 唐朝的主动接纳

　　唐玄宗时期，大批少数民族来到内地与汉人杂居，还有不少连"临时居住证"也不要，干脆常住长安。长安等大城市一度出现"胡化"的迹象。对此，唐朝不但没有禁止，反而敞开怀抱接纳各民族文化。长安居民的服饰、妆容，包括宫廷饮食都出现了"西（西域）化"的倾向。

　　这是"天可汗"应有的胸怀，因此，大唐拥有各民族充分自治的数百个羁縻府州。庞大帝国的形成，除了外交努力，开放包容的民族政策也功不可没。

　　在封建王朝，政策的走向无疑取决于帝王的喜好，而对于少数民族，唐太宗有过这样的论调："自古皆贵中华，贱夷狄，朕独爱之如一。"（《资治通鉴》）从某个方面来讲，这也体现了李唐王朝的民族态度。

3. 唐朝统治者的情感

李唐家族的祖先在鲜卑族得势的北周身份显贵,李渊的母亲独孤氏和妻子窦氏、李世民的妻子长孙氏都出自北方少数民族。这样的家庭,起码子孙辈仍会对少数民族抱有友好包容的态度。此外,李渊是从北方起兵的,跟李渊父子一起干事业的那批人不少就出身少数民族,李世民的班底中就有匈奴人、突厥人、羌族人、鲜卑人。

由这样的皇帝和朝臣构成的唐朝政权,自然会淡化"夷夏"之分,进而产生各民族"独爱之如一"的情感。有了这样的基础,唐朝在处理民族问题上就体现出了与其他王朝不同的气度。

不服就打,打不赢则服软。唐朝前期的几位皇帝都崇尚武力,北击突厥,西讨西域,东征朝鲜半岛,在无法用谈判解决问题的时候,便用拳头说话。其在力量悬殊之时,会主动服软,比如李渊在晋阳起兵之初向突厥求助,后来唐肃宗为打败安禄山向回鹘借兵等。

打仗也无损于大唐王朝"天下一家亲"的思维,唐朝有不排斥少数民族的心理基础,才出现了历朝历代次数最多的"和亲"。这些唐朝王室的女人(有的是挂名),千里迢迢带去和平,发挥了远征军不能实现的作用。

第六节　与吐蕃的文化交流

1. 吐蕃与赞普

开元十九年(731年)，一封信函从遥远的吐蕃寄到长安城唐玄宗的手里。信是玄宗的堂妹金城公主写来的，其中提了一项小小的请求：希望大唐赠送一些书籍，有《毛诗》《礼记》《左传》《文选》等。民族兄弟要读书，这是好事，玄宗二话没说便命人抄写。没想到这事却遭到了朝臣于休烈的反对，说《左传》等书籍会泄露汉王朝的一些政治军事谋略，将对唐朝不利。玄宗认为这些书输出的不仅有谋略，还有"忠信节义"等伦理道德，便将这批经典书籍传入吐蕃。

于休烈的担心并不是多余的，后来，吐蕃与唐朝的战事就没断过。也可以说，唐朝与吐蕃的交往史，就是一部战争史。

早在旧石器时代，青藏高原就有了古人类，新石器时代出现了"林芝人"。春秋战国时代以后，发羌、迷唐等羌族部落陆续迁移到高原，与当地人民相融合，形成吐蕃族。因建立吐蕃王朝的首领叫弃聂弃赞普，"赞普"就成了吐蕃首领的尊称。在大约633年(唐贞观七年)，第33任赞普松赞干布迁都逻些(今西藏自治区拉萨市)，正式建立吐蕃王朝。经过多方面的改革和发展，吐蕃国力逐渐强盛，开始向周边地区扩张势力。

2.吐蕃使者带来的祸害

松赞干布塑像

文成公主塑像

贞观八年(634年),松赞干布派使者与唐朝建立友好关系,636年派大相禄东赞来长安向唐皇室求亲。也许因为吐蕃太高寒偏远,担心宗室姑娘受不了,唐太宗一口回绝了。这简直太伤自尊了,松赞干布立马点兵20万攻打吐谷浑、党项等唐朝藩属国,并很快兵临松州城下。

唐朝只派了5万军队,依靠奇袭击退了吐蕃的攻击。仗是打赢了,但唐太宗也见识到了来自世界最高地区的力量,便决定以和为贵,于641年把远房侄女文成公主嫁了过去。

有了亲戚关系,吐蕃与唐朝友好了二十多年。松赞干布去世之后,禄东赞,这位当年提亲的媒人,掌握了吐蕃的朝政。据说此人机智聪明、能言善辩,松赞干布和亲成功全靠了他的随机应变。不过此人居然让儿子带兵灭了吐谷浑,还联合西突厥的一支进攻龟兹、疏勒和于阗。

吐谷浑被消灭后,吐蕃与唐朝的角力转移到了西域地区。吐蕃大军压境,670年在大非川(今青海共和县)击败唐军,在后来的几次大战中都取得大胜。直到700年,唐军才在对吐蕃军的交战中赢得转机。

763年,唐朝忙于平定安史之乱,吐蕃军队乘虚而入攻占了长安城。

3. 强强对话

安史之乱结束,唐朝缓过气来,此时吐蕃出现了一位堪比松赞干布、极具雄才伟略的赞普赤松德赞。这位赞普在吐蕃主持了"佛苯之争"和"顿渐之争"两次大辩论,结果,佛教战胜苯教,佛教的"渐"派战胜了"顿"派,为吐蕃实现了意识形态领域的统一。同时,吐蕃军队与唐朝军队在青海一带展开争夺,战争时断时续,一直持续到唐朝末年。

唐朝和吐蕃的战争,其实是两大王朝的强强对话。纵观整个唐朝,能与唐军抗衡取得胜利并攻占长安城的,唯有来自青藏高原的吐蕃。据说因为吐蕃兵水土不服,只待了半个月便退出了关中平原,不然,唐朝的历史很可能要改写。

在中唐时期(766~835年),吐蕃控制了青藏高原及周边民族地区,包括西域和今天的川西,拥有军队数十万,国力盛极一时。唐朝经过安史之乱后国力衰退,在对付吐蕃时颇感吃力,一不留神便遭败局。好在后期吐蕃出现内乱,不然可真够唐朝喝一壶的。

第七节　和亲的力量

1. 公主们的贡献

　　和亲政策始于汉代,唐朝运用得最为纯熟,和亲次数之多、作用之大,都是历代王朝所罕见的。据史书记载,唐王朝与突厥、吐谷浑、吐蕃、奚、契丹、宁远、回纥、南诏8个族(国)共计和亲28次。宗室女子远嫁戈壁瀚海,为了唐朝的政治需要奉献了爱情、青春甚至生命。

壁画《文成公主嫁吐蕃》

这些女子虽然都号称"公主",但实际上,皇帝亲女很少,多为王室及贵族的女子。李渊在称帝之前就有过一次"和亲",那时他的女儿还不能称之为"公主",他也舍不得自己的女儿远嫁,就找了一位女妓(女妓为侍女、歌女,非青楼女子)。这事载于《旧唐书》:"琛,义宁中封襄武郡公,与太常卿郑元璹赍女妓遗突厥始毕可汗,以结和亲。"说的就是李渊于617~618年间,派李琛、郑元璹送女妓去突厥和亲。

我们已经知道,李渊在起兵前已经与突厥达成协议,得到突厥骑兵和马匹的援助。这次和亲,应该是想更进一步与突厥搞好关系。不过此时,突厥还未对唐朝形成实质性威胁,而和亲的重要性也未充分显示出来,因此李渊派了一位豢养的女妓替代自家的"千金小姐"出嫁。

101

2. 和亲公主是不是皇帝的女儿

自贞观十三年(639年)开始,唐朝正式翻开了公主和亲的册页。不过,扉页上的这位弘化公主也并非唐太宗的亲生女,而是宗室女。揭开这个秘密的不是别人,正是公主的生父、唐太宗的堂兄李道明。

"还蕃,坐泄主非太宗女,夺爵国除。"此人前往吐谷浑送亲,也许爱女心切,不留神说漏了嘴,差点坏了唐朝的军国大事。好在唐朝国力强大,当时的吐谷浑可汗慕容诺曷钵只得忍了。不过弘化公主机智勇敢,曾在吐谷浑权臣阴谋叛乱的危急时刻取得鄯州刺史的帮助,成功化解了一场危机。

俗话说,皇帝的女儿不愁嫁,要娶真公主是非常艰难的。

贞观十六年(642年),原铁勒可汗、后归降唐朝并担任大将军的契苾何力回凉州探亲,被部落的人抓获,献给薛延陀首领。薛延陀的真珠可汗便向唐朝求婚,以契苾何力换取唐太宗的亲生女儿新兴公主。契苾何力被放回来后劝唐太宗悔婚,理由是聘礼不够。堂堂大唐王朝差这点聘礼吗?真珠可汗吃了哑巴亏,眼睁睁看着新兴公主成了别人的新娘(新兴公主之后嫁给长孙家族的长孙曦)。这个仇就结下了,唐朝最后派大军将其灭掉。当然,这事还得契苾何力自己去办。

3. 假冒的公主与正宗的公主

文成公主也是宗室女,但名气很大。一方面因为她为吐蕃带去了唐朝的先进文化,并与金城公主一道维护了和平,换来了大昭寺里的那块唐蕃会盟碑;另一方面,她嫁的是当时堪与大唐角力的强大吐蕃的首领松赞干布。据说文成公主是唐太宗的亲侄女,而且唐朝对这次和亲十分重视,不但嫁妆丰厚,还带去很多工匠。

唐玄宗以前的唐朝是强盛的,可以随便找一位宗室(或者王室亲戚)的女孩完成和亲。但到后来,从肃宗李亨的宁国公主第三次嫁回纥的英武可汗,到德宗的咸安公主、宪宗的永安公主和太和公主,都是实打实的皇帝亲女。此时唐朝国力变弱,皇帝不敢随意拿别人糊弄,而且这几位真公主和亲的对象都是回鹘。

　　和亲的目的说到底还是政治,唐朝与回鹘的和亲从"安史之乱"开始,为的是向其借兵。不过,首先嫁女的是回鹘可汗,于756年与唐朝的敦煌王李承寀结成了亲家,而此后几十年,唐朝嫁去了六位公主,有四位都是皇帝亲女。回鹘可汗自己都说"昔为兄弟,今为子婿,半子也"。

　　通过和亲,唐朝借回鹘之力维护了国家安全。上行下效,回鹘与唐人也在民间通婚,促进了民族大融合。

第四张画

《步辇图》

103

第五张画 | 《八十七神仙卷》

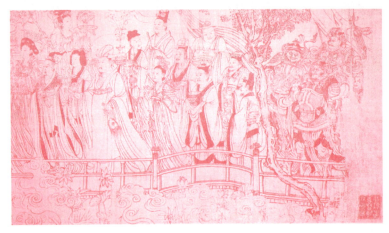

《八十七神仙卷》

背景介绍:

朝代:唐朝

绘者:吴道子(存疑)

规格:30 cm × 292 cm

类别:绢本白描

该图以道教故事为题材,描绘了以东华帝君、南极帝君、扶桑大帝为主的87位列队行进的神仙,画面纯以线条表现出87位神仙出行的宏大场景,形神刻画细致入微。其代表了中国唐代白描绘画技法的最高水平,现藏于北京徐悲鸿纪念馆。

第一节　道教大行天下

1. 神仙是什么样子

没有人知道神仙是什么样子,每个人心中都有自己的神仙。

在唐朝,吴道子给出了神仙的画像,一共87位,包括道教里3位最高级别的大帝和其他各位神仙。画家笔下的形象来自对前人所画神仙的继承,有的是自己对模特的修饰。无论如何,既然皇家的御用画师为神仙画像,说明道教在唐朝是相当兴盛的。

武德七年(624年),高祖李渊到国子监参加祭祀典礼,"命博士徐旷讲《孝经》,沙门慧乘讲《心经》,道士刘进喜讲《老子》";道士刘进喜来自山西平遥的清虚观,有《显正论》《老子通诸论》等道家著作,在唐高祖时期积极参与佛道论争。不管怎样辩论,要想在儒释道中争个输赢都是不可能的,最后还是皇帝拍板,第二年,道教被奉为大唐国教。

637年,唐太宗颁布诏令,直接宣称李耳是李唐的祖先,明确规定太上老君的名位排在释迦牟尼佛前面,道士和女冠的地位高于僧、尼。在佛教、道教的长期争斗中,这一次道教全面胜出。

2. 道教越来越受尊崇

四川南部县罗寂寺的
《观音像》

那以后,道教的势力越来越高涨。

龙朔二年(662年)二月,唐高宗和皇后武则天到洛阳宫旁的老子祠祭祀,"忽然白光一闪,太上老君出现在两人中间"。这当然是皇帝及身边近侍自导自演的活报剧,但唐高宗借此大力推崇道教,给太上老君封号"太上玄元皇帝",在全国大张旗鼓地推广祭拜礼。武则天时代曾短暂出现佛教热潮,但总体依然让道教保持进步发展的势头,比如武则天本人崇奉"先天太后"(传说是李耳的母亲)。

唐睿宗崇尚道教最为质朴,直接为两个出家当道姑的女儿修建了华丽的道观。唐玄宗变本加厉地尊祖崇道,他在老子的封号"玄元皇帝"之前加上"大圣祖""大圣祖大道""大圣高上大道尽阕"等尊号,将自己与李林甫的石像陪侍于老子雕像旁边,进一步与道家实现互相抬轿。他还下令招收玄学博士和助教各100名,并亲自带队研读《道德经》和《华南经》等,试图搞一套完整的理论,用道教治国平天下。

唐玄宗以道治国,确实取得了辉煌的成就,但后期沉湎于修身成仙,把一个好端端的王朝给耽误了。

　　道教在肃宗、代宗时期一度被佛教压制,但到唐武宗时,干脆废禁佛教独尊道教。从那以后虽然道教势力越来越兴旺,但在皇帝这里,已经不像玄宗那样用来辅助治国,而是一味帮助帝王权贵追求长生不老之道,结果先后有五位皇帝因服用道家丹药早早地送了命。

3. 道教在民间

　　由于皇室和朝廷大力提倡,道教在民间广泛传播,一些宏伟的道观得以修建,不少成了名胜古迹。打卦占卜、符箓咒语开始流行于社会,并慢慢发展成为一门学问。除了这些带有"玄学"性质的东西,道教也给中药学和化学做出了实际贡献。这里需要提到一位传奇人物,即被后人尊为"药王"的孙思邈。

　　孙思邈出生于西魏时期,深受当时的朝廷重臣独孤信的器重,独孤信出自出了那位有名的独孤皇后的独孤家。不过孙先生喜好老庄学说,隐居太白山潜心钻研医学,广泛开展医学实践,撰写了医学著作《千金要方》和《千金翼方》。后来,他也受到太宗和高宗的召见和厚待,但终生不愿做官。据说他活到了142岁,除了留下享誉医学界的著作,还被民间拥戴为"药王",慢慢也就成了中国传统文化中能救人的"神仙"。

　　他还留下用硫黄、硝末、木炭制作火药的配方,只可惜没引起统治者的足够重视,不然进一步研制出秘密的热兵器,唐朝的疆域还不知道要扩展多大。

第二节 "姓什么"说重要也不重要

1. 李渊和老子一个姓

据《唐会要》记载,"武德三年五月,晋州人吉善行于羊角山见一老叟,乘白马朱鬣,仪容甚伟,曰:'为吾语唐天子,吾汝祖也,今年平贼后,子孙享国千岁。'"意思是一位骑白马的老头让道士吉善行给皇帝捎个信,说我太上老君是他的祖先,今年平定叛乱之后,子孙永享国家。唐高祖听到这话喜不自胜,马上派人前去祭拜,还在那里修建了道观。

现在看来,吉善行的故事估计是为哄皇上高兴瞎掰的,但也说明了当时唐高祖对道教的特殊尊崇。

为何要编这个故事呢? 自然是为了给李家夺取天下增加合法性,利用宗教的力量获取民心。就是借这个故事告诉民众:我们李家在隋朝备受皇恩,又是皇帝的亲戚,不是非要起兵反叛,而是因为各路英雄逐鹿中原,我李渊是来力挽狂澜,拯救老百姓的……还有,这些都是老天的安排,因为姓李,与太上老君李耳是一家人,先祖还为此事专门带来口信。

古代老百姓绝大多数是文盲,朝廷和官府说啥就是啥。既然神仙和皇帝是一家子,那还有啥说的,老老实实做个唐朝顺民吧。

《八十七神仙卷》(局部)

2. 立功归顺就可以姓李

高祖开了这个头,他的儿子孙子也纷纷效仿,"玄元""元祖"等尊号接踵而至,道教跟着沾光,妥妥地排到了儒教和佛教的前面,太上老君"显圣"的神话也就自然而然多了起来。各种老君庙、玄元皇帝庙修建起来,传说中在函谷关遇见老子骑青牛而过的尹喜家的老房子也热闹了。

此外,"李"姓也显贵了。皇帝赐姓成为一种荣耀,或成为笼络降将的手段,如罗艺、杜伏威、胡大恩等归顺唐朝之后都被赐姓李。《隋唐演义》里的那位"半仙"徐茂功,在武德二年(619年)拜官封爵,唐高祖李渊赐姓李氏,从此世上再无徐世绩(徐茂功的原名),而有了凌烟阁上的名将李世绩(又名李绩)。得到这份荣耀后,李绩感恩涕零,多次担任行军总管(相当于现在的某集团军总司令),北击突厥,安定边塞,被李世民誉为"国之长城"。668年,75岁高龄的李绩居然还统帅大军远征朝鲜半岛,一直打到了高句丽的平壤城。

唐朝皇帝赐姓的办法还被用于安抚羁縻政权,如唐初契丹首领窟哥、奚族首领可度者、粟末靺鞨首领突地稽、黑水靺鞨首领倪属利稽等归附后,都被赐姓。改姓了李,皇帝的意思是现在你也姓李,是咱李唐一家人,就别再说两家话了。

3. 李姓并非进阶石

在唐朝人眼里,出身李氏宗室不消说是投胎投得好,稍有点本事便可出将入相:建国初期有李孝恭,后来有李林甫等。但切莫以为出身"李家门"就会得到照顾,事实上,如果是普通老百姓,姓只是一个符号,哪怕再有本事,朝廷也不会对李姓的平民子弟格外照顾。

唐朝最有名的将领之一李靖,是隋朝名将韩擒虎的外甥,曾在李渊手下做军官,据说曾经向隋朝皇帝告密李渊起兵之事,李渊登基称帝后,依然重用李靖,但哪怕战功赫赫也备受怀疑,差点让李渊给收拾了。李靖灭萧铣,平辅公祏,铲除东突厥,老迈之时还远征吐谷浑,凭获取的战功而位列三公、"十哲"(玄宗列出的历朝十大名将)。在唐代小说《虬髯客传》中,李靖的故事十分吸引人,书中他还有一位夫人红拂女,李靖夫妇巧遇一位神秘人物虬髯客,在这位高人的指点下,投奔李世民,并最终帮助李唐王朝平定天下。

第三节　助天子一臂之力

1. 互相帮衬

从李渊起兵到建立唐朝,道教与李渊有互相帮衬的意味,在某种程度上,与其说道教支持李渊起事,不如说李渊利用了道教。前面讲到,李渊出身关陇门阀士族,从南北朝直到隋朝都是地道的皇亲国戚。不过,李家因母系这边有较多的鲜卑族血统,很容易得到鲜卑系部落和政权的支持,而与中原汉族相对疏离,与全国众多的门阀士族相比地位并不显赫。要想得到士族中几个大家族的支持,争取到更多的民心,攀上李耳这个祖宗无疑是最佳捷径。

毕竟,由于南北朝和隋朝帝王的大力推崇,道教已经在民间具有较大的影响力,特别在改朝换代的乱世,百姓无法摆脱现实的困难,便希望有神仙下凡拯救。于是,隋末中国民间广为传颂老子降世,化名李弘来拯救受苦受难的百姓。

2. 助力只是顺势而为

李渊事成之后,又是修庙,又是祭祀,还封官许愿,让各位道长方士尝到了甜头,以王远知为代表的大批方士各显神通,竞相攀附权贵。

王远知在隋朝时就是深受隋炀帝杨广信任的道教大师了，杨广还修建了玉清玄坛供王远知修道。隋末乱局纷扰之时，王远知找到李渊，称他将来能做皇帝，在李渊起兵前，王远知还献上了一道写着"李氏为王"的图谶，最终李渊也巧妙利用了这一图谶，乘势起兵，建立了唐王朝。之后王远知以及其他的方士，预言了秦王府必然在争斗中胜过太子府，并积极奔走，利用宗教影响力，大胆支持李世民，并且念咒作法制造神秘色彩，从某种意义上说，扩大了李世民在民众中的知名度和影响力。

那时李渊父子的人生和事业，包括初生的唐朝都处于上升期，方士们只要抱着积极支持的态度，所采取的"法术"大多能够被群众接受，原因也是由于道教吸收并发扬了广大群众的意愿。这是"法术"每每能够灵验的一个因素所在，也是唐朝道士们对自己的能力自信满满的原因之一。

3. 道教对皇权的理论支持

统治者和道士们都有充分的自信，这正是大唐气象。皇权和道教紧密结合起来，李氏王朝借助道教宣扬统治者"天命所系"的合法性，道教借助皇权得到弘扬和发展。此外，道教之所以被唐朝统治者倚重，还有其本身的宗教特点。

道教除了提倡清净无为、与世无争而外，还包含佛家的因果报应、儒家的忠孝节义，而对强身健体、长生不老的追求更具有无可替代的普世价值。另外，出家修道无须那么多的清规戒律。如此种种,道教对广大老百姓有更强的吸引力,得以更迅速传播。

唐朝统治者无疑看到了这一点,便最大限度地利用道教加强统治。唐高祖直接将道教奉为国教,唐高宗将道教上升到"行清净之化,承太平之业"的高度。到了武则天的时代,因为佛教救过她的命,便大力弘扬佛教,但也尽量笼络和利用道教。她让人将"武"字画成道教图徽,推演出"止戈龙"的含义,为"太后临朝"提供合法依据,从而修庙立像,遵奉"先天太后"。说她潜心向佛吧,又念念不忘道教,总之,只要对皇权有帮助,佛教为主,道教为辅,两个都不放过。

唐玄宗即位后,马上尊祖崇道,回到一心弘扬道教的正轨上来。不过此时再搞那套欺骗的把戏是不成了,他就带头研读道教经典,试图让道教理论服从和服务于政治。"无为无不为","惟欲清净,使天下无事",天下太平才能"徭役不兴,年谷丰稔,百姓安乐"。一拨太学生皓首穷经,还真为皇帝找到了治国平天下之术。唐玄宗获得秘籍,消灭武后势力,重塑李唐权威,带领全国人民创造了"开元盛世"的繁盛局面。

第四节　丰富多样的神仙体系

1. "诗仙"李太白

道教的神仙大多是世俗化的、从人间晋升的,于是在道教盛行的唐朝,必然要"提拔"一些凡人位列仙班。

有一位家喻户晓的神仙就是诗人李白,李白字太白,后人尊之为"诗仙",他自号"谪仙人",也就是"贬谪到人间"的仙人。对此,好多人不服气,但贺知章读过那首《蜀道难》后,立马认可了这个称号,还拉上李白,搞了一个"饮中八仙"的民间组织。

李白嗜酒是事实,还每饮辄醉。据说诗仙在江边对月饮酒,醉后欲捞水中之月,结果被接回天上去了。

对于李白的出生地,有人说是碎叶城(今吉尔吉斯斯坦首都比什凯克以东),有人说是江油关(今四川江油市),不过既然是仙了,出生地也就不重要了。

话说当年渤海国遣使上书,满朝文武无人识得,还是那位集贤殿学士贺知章,急忙推荐李白前来翻译。李白喝下玄宗皇帝御赐的美酒,一醉就不晓得姓啥了,居然要杨国忠(当朝宰相)磨墨,高力士(玄宗亲信宦官)脱靴,援笔立就,写下一封回信,那番使一看便自惭形秽地回国去了。

李白一生半梦半醒,骨子里报效国家的远大抱负遇到奸臣当道的现实,只能在梦中"长风破浪会有时,直挂云帆济沧海",而现实往往只是一阵阵追问:

"行路难!行路难!多歧路,今安在?"

2. 天兵天将

唐朝崇尚武力,那些杀伐征战的将军也就能位列仙班。唐朝大将李靖在后世的演义中,成了托塔李天王。此人带兵灭东突厥、平吐谷浑,用兵如神,还有兵法著作,确实有当神仙的资本。

除了李天王，还有被说成是白虎星君下凡的薛仁贵。薛仁贵也是军功赫赫的一代名将，先后征战高句丽，击败突厥，还留下了"三箭定天山"的美好传说。唐朝还有一位大将郭子仪也被说成是白虎星君转世。郭子仪在安史之乱中力挽狂澜，击败叛军，还击退了乘虚而入的吐蕃军队，可谓唐朝的一大功臣。这些人因其丰富传奇的人生和卓越的战功而被百姓津津乐道，在民间声望极高。因此，道教将这些人纳入神仙序列也说明道教对李唐王朝政权的支持和充分吸收民间智慧的特点。

史书记载，唐太宗晚年夜夜惊梦，为了确保高枕无忧，曾让尉迟恭、秦叔宝两位将军站岗把门，但据说厉鬼会从后门进入，就让文臣魏徵把守后门。皇上夜里可以安眠了，但让朝廷重臣守门非长久之计，便让画师画了他们的像贴在门上，渐渐地尉迟恭和秦叔宝演变成了民间的门神。至于魏徵的门神画像民间不多见，恐怕人们觉得文臣力量不够，还是武将守门放心一些。

3. 八仙过海

有关道教主题的画作中有一个长久不衰的题材"八仙过海"，各朝代的知名画家画过很多这一题材的画作，民间也十分流行。在《八仙过海》中的八位神仙，有三位都是唐朝人。其一是张果，后人尊称为张果老。传说他有一纸驴，不骑时就折叠收起，比现在的折叠车方便多了，更别说他还有腾云驾雾、变化万物的本事。张果原来只是一位道士，炼丹药比较有名；由于他手里经常拿着一把竹制的说唱用具,后人便将其奉为"道情"(一种传统说唱艺术)祖师,到北宋由铁拐李邀请列入八仙。

其二是吕洞宾,道教全真派的祖师,被门下弟子尊为吕祖。他是河东蒲州河中府(今山西芮城永乐镇)人,早年饱读诗书,先后遇到火龙真人和汉钟离,习得剑术和炼丹术,也有剑祖、剑仙的称号。

其三是韩湘子,因弃儒学道,被叔叔韩愈好一顿责骂。韩湘子学得道法之后,能求雨,还能空手变化万物。韩愈也大感惊奇,写出"自云有奇术,探妙知天工"(《赠徐州族侄》)的诗句。

在唐朝,文臣武将、医生、诗人、方士,就连下棋下得好的人都被奉为神仙,这实际上是这个"天朝上国"昌盛和自信的表现。

116

第五节　唐代白描的最高水准

1. 一日绘就三百里长图

四川省嘉陵江畔的蓬安县城西北,有一座龙角山,山腰崖壁上,矗立着一尊巨大的石雕人物头像。雕像长须飘飘,凝视一江碧水,仿佛正在安静构思。

他,正是画家吴道子。

这位唐代画圣与蓬安县的缘分,始于玄宗的一道命令——让吴道子去嘉陵江写生采风积累素材。单就这一项对文化的自觉支持,唐玄宗就很了不起。吴道子出的是皇差,吃喝拉撒都由国家报销,却并未带回一张草图,还信心满满地向皇上汇报:"臣无粉本,并记在心。"

关公画像拓片

唐玄宗将信将疑,让他马上在大同殿墙壁上画几笔看看。吴道子不假思索,马上挥笔作画,只用了一天便画成《嘉陵江山水三百里图》,而之前的大画家李思训在大同殿壁上绘就的那幅《嘉陵江山水图》,却是花了几个月的时间才完成的。

吴道子援笔立就,显然对所画对象胸有成竹,并且绘画技法炉火纯青。

117

2. 御用画师进步神速

吴道子出身贫困家庭,小小年纪就父母双亡,但他不甘心命运的安排,从小刻苦学习张旭和贺知章的书法,之后改为学画。没想到一下子选对了专业,他很快就掌握了绘画的诸多技巧,不到20岁便领悟了不少绘画艺术的真谛。后来,吴道子当了几年小官,但终究因"好酒使气",在官场上毫无长进,索性辞职去了洛阳。

《八十七神仙卷》(局部)

118

洛阳是唐朝的东都，住着很多权贵和艺术家。吴道子在绘画方面的名气很快传到皇帝的耳朵里，不久被玄宗召到长安，给了一个内教博士（掌教宫人读书习艺）的官衔，荣耀有了，却被规定"非有诏不得画"，即使身为画家，但皇帝不让画，就不能乱画。

吴道子不但要完成宫廷的教学任务，以及大量的宫廷绘画任务，还要陪伴懂艺术的皇帝唐玄宗出游。事物都有正反面，吴道子被耽误了大量创作时间，却也得到了常人无法获得的艺术视野和与皇帝及其重臣交流的机会。有了御用画师的身份，他可以"公费旅游"，还可以与同时代的艺术大师充分交流，从各类艺术门派中汲取营养。比如，他从大将军裴旻的剑术和书法家张旭的草书中获得飘逸灵动的启示，画风变得简洁流畅。

入宫不久,吴道子的绘画就达到出神入化的艺术境界。

开元十三年(725年),唐玄宗封禅泰山后,命令画师将壮观的皇家仪仗画下来。于是,陈闳画了玄宗皇帝及其宝马照夜白,韦无忝画的是狗马、骡驴、牛羊等动物,吴道子画了桥梁、山水、车舆等,"时谓三绝"。三位画师的艺术风格互相配合,相得益彰,共同组成独步天下的名画《金桥图》。

3. 白描技法"吴家样"

吴道子之所以能成为"画圣",平常的刻苦努力固然是基础,大胆的创新也必不可少。"众皆密于盼际,我则离披其点画,众皆谨于象似,我则脱落其凡俗。"他的这句话道破天机:绘画应追求内在的情感和神韵,亦即"言外之意,意外之旨"。这是超越神似的高层次审美境界,是一般画师所不能企及的高度。因此,他的画作成为人人效仿的"吴家样"。

"吴家样",是一种创新的绘画技法,即从复杂的物体抽取精神,将各种点面表现为极简的"线",以线条的律动表现物体的运动,所谓"吴带当风"。吴道子笔下的每一根线都造型传神,每一根线都充满艺术的美,这就是线的魅力和白描技法的艺术感染力。

第六张画 | 《送子天王图》

《送子天王图》

背景介绍：

朝代：唐朝

绘者：吴道子(存疑)

规格：35.5 cm×338.1 cm

类别：纸本墨笔画

此图又名《天王送子图》或《释迦降生图》，是唐代画家吴道子根据佛典《瑞应本起经》创作，一说此画为宋人摹本。此图描绘的是异域故事，而画中的人、鬼神、兽等却完全加以中国化，当是佛教文化在中国本土的流传发展，至唐与中国文化日趋融合之势所致。该画现藏于日本大阪市立美术馆。

第一节　吴带当风、曹衣出水

1. 吴带和曹衣

"吴带当风""曹衣出水"是两个成语,出自郭若虚的《图画见闻志》。郭若虚是北宋有名的书画鉴赏家和评论家,他以这八个字生动概括了北齐和唐代两位画家曹仲达、吴道子的衣纹绘画风格。

曹衣出水佛造像风格

"吴带当风"中的"吴"说的是吴道子。他画的人物,"笔势圆转,画上的衣带如被风吹拂",画技高超,风格飘逸。吴道子采用的是兰叶描技法,笔力劲怒,气势恢宏,所绘的人物袍袖衣带有飘动感,呈现一种"天衣飞扬"的特殊飞天效果。

"曹衣出水"则是另一种绘画风格。这里的"曹"说的是曹仲达,他所画的人物衣服薄而贴身,衣纹线条繁复稠密,给人以衣服被水湿透的感觉。曹仲达的原籍是西域曹国(今乌兹别克斯坦撒马尔罕一带),是著名的佛像画师,因其善画衣衫褶纹而创造出"曹家样"。

另一种说法,"曹"指的是曹不兴,"吴"是吴暕。曹不兴是三国时代的吴国人,擅长画龙、马、虎等动物及人物,传说某次在绘画时洒了一点墨在纸上,索性将错就错,把墨点勾画成蚊蝇,画成后简直出神入化;吴暕是南朝人,也是画佛像的高手。

不过,按照传统的说法,"曹衣出水,吴带当风"指的是曹仲达和吴道子。

2. 绘画艺术与宗教传播

122

虽然"吴带"和"曹衣"是两种绘画风格,前者刻意表现佛像的神态美,着重强调人物的风度和神韵;后者主要体现形体美,着意刻画人物的体态。但二者都需要娴熟的技巧,并且都集中反映在宗教艺术的作品中。

两种绘画风格实际上表现了佛教在国内的传播进程。印度佛教于东汉永平七年(64年)传入中国,缘起于汉明帝刘庄梦见金佛,遂派大臣前往西域拜佛求经。经过魏晋特别是南北朝时期统治阶层的推崇,佛教在中国已经有了一定程度的发展。在曹仲达所处的南北朝时期,佛像还保留了相当多的异域风格,他将其与中国传统的审美结合起来,创造出了"曹衣出水"的技法,带来了全新的佛像塑造风格。

到了唐朝,无论佛教,还是塑造佛教形象的绘画艺术,都得到了长足的发展。因此,像吴道子这样的优秀艺术家,便能在"曹衣"的基础上,形成极具中国特色的"吴带当风"的画佛风格。

3. 画佛技法的流变

曹仲达以"曹衣"为特色,形成了"曹家样"的绘画风格;同时代,南梁时期的画家张僧繇还开创了"张家样"。张僧繇汲取天竺国的晕染画风,创造出凹凸绘画技巧,以较强的写实能力,绘出"对之如面"的人物画像。他用笔简略,对应顾恺之等画家的"密体",形成了独特的"疏体"。

吴道子深受这种技法的影响,"所画墙壁卷轴,落笔雄劲而敷彩简淡"(郭若虚《图画见闻志》),为后世留下了"吴装"的艺术表现方式。在张僧繇的基础上,吴道子更注重线条的运用,以"兰叶""枣核"等线描技法,表现人物动态服饰,以极强的运动感和节奏感表现画面的整体气氛,形成衣带飘飘欲飞的"吴家样"。

在吴道子的基础上,周昉加以改良,形成了流行一时的"周家样",留下了不少代表作。

第二节　中国化的人、鬼、神、兽

1. 图中的人、鬼、神、兽

《送子天王图》表现的是外国的宗教故事。整幅画划分为三段,第一段是文臣武将和仙女簇拥着一位天神,第二段是天女护卫的四臂披发尊神,第三段是释迦牟尼降生。

每一段都有不同的人、鬼、神、兽,共有二十多个。

人物方面有手持笏板的大臣、手捧砚台的仙女、手握宝剑的武将、刚降生的释迦牟尼、净饭王、摩诃波阇波提夫人、扛扇子的侍者、跪拜的无能胜明王等。

鬼神有正襟危坐的天神、降服巨龙的神、石头上的四臂披发尊神、手捧瓶炉法器的天女。

兽则有蛇、火焰中出现的虎、象、狮、龙、鸟,以及其他瑞兽等。

虽然画面内容主要围绕净饭王的儿子释迦牟尼出生这一宗教题材,但可以看出,无论人、鬼、神、兽,还是毛笔、砚台、笏板、花瓶等都已经中国化,并注入了不少道教的神仙元素。

2. 艺术源于现实生活

我们先来看看第一段中的那位天王,他表情威严,目视前方,双手按膝,体态伟岸,像不像带有北方少数民族血统的大唐天子"天可汗"? 同时,其头戴高冠,长髯飘飘,又仿佛道家的天尊,自有一股仙风道骨。

文臣手执毛笔、笏板,表情庄重,很容易让人想起唐朝那些尽忠称职的宰辅,如魏徵、杜如晦等,正殚精竭虑地为国家献计纳策。武将手持战斧、钢镋,身佩利剑,面目威严,睥睨天下,恰似尉迟恭、程咬金的翻版。无能胜明王对佛祖的俯首跪拜,反映出四海来朝的大唐皇家威仪。

文臣武将团结在皇帝周围,共同治理唐朝帝国,缔造了令人炫目的大唐。在这样的盛世下,才有了中国化的神龙,有了潜力无穷的瑞兽,有了腾腾向上的火焰,有了富丽的法器和香炉,有了精工制作的兵器和文房四宝……

这画的哪里是印度的净饭王的故事,分明是对唐朝皇帝的写生。

125

3. 吴道子的学习与创新

《送子天王图》的画风,正是别具一格的大唐气象,是舶来的佛教在中国本土化并积极接纳道教元素的体现。

所有艺术创作,都是现实生活的投射。吴道子恰逢唐玄宗主政的盛世年代,作为御用画师、宫内的文化教习,处在强盛大唐文化艺术的最高峰。他大胆吸收民间和外来的画风,确立自己的"吴家样"艺术风格。同时,其将唐王朝的人物形象、服饰用具、朝廷礼仪移植到经典佛教故事中去,甚至将传说中的中国龙演化为想象中的瑞兽,而这些画中的人物形象或动作勇猛,或神态威严,或表情和善,或小心提防,或诚惶诚恐,都极具个性和故事性,给人以真实而极富震撼力的艺术享受。

　　吴道子又名道玄,这个名字很容易让人们联想到与道教有千丝万缕的关系,或者他本身就信奉道教。于是,他笔下的佛教人物就有了道教的装扮和神韵,佛道之间又不时闪现拜礼仪等儒家元素。

　　事实上,中国自古以来,儒释道和谐相处,包容发展,这是中华文化相对于其他文化独特而具有先进性的一面。

第三节　墙壁上的佛教艺术

126

1. 壁画素材哪里来

　　多少帝王将相的功勋伟业全都化作了历史烟云,那些不朽的绘画作品却保留了下来。人类最早的绘画在岩壁和陶瓷器皿上,特别是岩壁上的古老绘画,一经发现便惊世骇俗。这些留在大地上的鸿篇巨制,倒像古人类的写生之作,正是他们进行狩猎、舞蹈、祭祀和战争等活动的真实反映。

　　从岩画的随性创作,到简单写意的彩陶图案,古人类以质朴的绘画语言记录和表达思想。到了秦代,人们开始在宫殿寺观和墓室的墙壁上绘画。那些保留下来的作品,再现了帝王权贵的生活和臣子的殊勋。

《送子天王图》(局部)

在东汉明帝时,壁画出现了佛教题材。佛教来自西域,而那幅著名的壁画《千乘万骑群象绕塔图》就绘在白马寺。秦汉时期还留下了许多画像砖,大多出现在地下的墓室。这些画作大多与佛教无关,却表达了对墓主人早登极乐的愿望。

127

2. 壁画是佛教的面子

佛教经过魏晋南北朝的发展,到隋唐已经深入人们的生活,绘画艺术必然要反映这种生活。不少大的寺院有庙产,这些庙产有的来自信众的捐赠,因此,很多寺院修建起宏伟壮观的庙宇。寺庙的大殿、佛堂、走廊、厢房以及山门都有墙壁,可以设置佛龛、佛像,也可以雕刻,但依然有很多地方空着,怎么办?

该画师上场了。阎立本父子和吴道子等唐朝画家很多都是著名的壁画大师。

说到古画,大家都以为宋代最盛,其实唐朝的绘画已经十分昌盛,只是年代久远,作为画作载体的纸张和绢帛无法保存下来。于是,我们只有去墙壁一睹盛唐佛教绘画的风采。

据统计,仅吴道子在长安和洛阳的寺庙就留有300多幅壁画。而且,吴道子在"两京"留下的画是范本,全国画师仿照他的范本在各地寺庙绘制了大量的壁画。

这些丰富多彩的画作本可以躲过岁月的浩劫留存下来,但可惜的是,大多没能逃脱唐武宗李炎的"会昌灭佛"。今天,我们只能在为数不多的寺庙墙壁上观赏到唐代画师的技艺。比如陕西临潼庆山寺舍利塔地宫的《吉祥天女》和《武僧图》,山西五台县佛光寺的《天王镇妖图》等作品。这些画技艺圆熟,具有鲜明的佛学东渐特征。

128

3. 莫高窟的留存

幸好在遥远的西北,古人为我们留下了一座艺术宝库——莫高窟。在莫高窟众多石窟的四壁及窟顶,唐朝的艺术大师各显身手,绘就不同风格的佛教壁画。

隋唐时期敦煌莫高窟的壁画题材变得更加广泛,场面宏大,色彩瑰丽。无论是人物造型、风格技巧,以及设色敷彩都达到了空前的水平。

壁画里出现得更多的是"净土经变"(佛教图画),内容包括西方净土、东方药师、维摩诘、法华。这些以佛教内容或故事为题材的绘画中,人物众多、建筑华美、场景宏大,在一个洞窟营造出佛国世界。此外,还有大量的说法图、佛教历史图、供养人像等。让人叹为观止的《张议潮统军出行图》位于莫高窟的第156窟,反映了张议潮将军驱逐吐蕃入侵者,收复河西,被敕封为节度使后带领军队出行的故事,画上有仪仗、随从、鼓乐队……一共二百余人的队伍。张议潮将军的这次胜仗是晚唐衰微背景下的短暂辉煌。

第四节　弘佛隐藏的"大唐气度"

1.李渊耍了个小心眼

129

佛教自东汉传入中国,经过六百年发展,于隋唐时出现繁盛的气象。虽然唐朝尊奉道教为国教,但唐朝的统治者对佛教也表现出了极为宽广的胸怀和气度,尤其是武则天、唐代宗、唐德宗等人,不但不抑佛,还给予佛教极大的支持,推动了佛教在唐代的全面繁荣。

其实,在李渊起兵之前,也有佛教徒预言他将夺得天下,这位僧人叫景晖,李渊成功后为他专门建造了一座胜业寺。也不知这是不是李渊主动采取的舆论手段,但他在称帝之前便信佛、礼佛是事实。建立唐朝后,李渊耍了个小心眼,貌似对佛教待之以礼,实则沿袭隋朝的监寺制度,给每个寺院安排一名八品监督官(道观也不例外),并且还设立"佛教十大德",任命十位高僧统摄全国僧众。

2. 李老在前的弘佛

　　李渊崇道抑佛，一碗水没端平，很快遭到了佛教界的抵制。在这方面，李世民比老爸有过之而无不及。武德四年（621年），他带兵攻占洛阳，为消除隋朝的余威获取民心，曾下令将隋朝皇室供养的佛寺关闭，遣散大多数僧众。当上皇帝后，一开始他还赞同佛教"无益于民，有害于国"的观点。

　　贞观初年，李世民很快认识到抑佛的危害，赶紧撤销各大寺庙的监督官，废除一切抑佛举动。真是此一时彼一时也。从此以后，他对佛教的态度一步步放松，从开始的灭佛到抑佛——严格检校佛法，严厉管束私度僧者，后来请专人翻译佛经，弘扬佛法，邀请高僧来皇宫举行法会。他还身体力行阅读研究佛经，去寺庙里与高僧论佛。当然，一切要有一个前提——"今李家据国，李老在前"——国家是李家的，老子的道教必须排在前面。

敦煌壁画里的飞天

对唐朝的统治者来说,弘扬佛法不过是维护统治的一种手段,与所谓的大唐气度的关系其实并不大。

唐高宗李治无疑从父亲身上学到了不少帝王之术,不但尊重和礼遇著名的玄奘法师,还为玄奘法师撰写了《大唐皇帝述三藏圣教记》,将佛教放在与道教平等的地位。他下令在法门寺建造阿育王像,将佛骨舍利送往洛阳,在五台山修建寺院佛塔,对佛教的发展做出了很大的贡献。

3. 武则天的举动

唐代统治者里,最为崇佛的肯定是武则天。691年,武则天在坐稳皇位的第二年,便颁布诏书《释教在道法上制》,诏令佛教列于道教之上,并掀起了"方启惟新之运"的崇佛运动。曾经中断的佛经翻译事业重新开始并扩大规模,慧安、神秀两大法师被聘为国师,她还要请著名的六祖惠能法师到宫中供养(后被六祖惠能拒绝)。武则天还言传身教,带头修习佛法,引领全国坐禅修习之风。这位女皇崇佛,却并不贬低道教和儒教,基本做到了"三教平等"。

在一个几大宗教能和谐相处的社会里,老百姓焉能不安居乐业,国力安能不日臻强盛?

当然,武则天弘扬佛教,很大一部分出于私利——她受难时得到佛门救助,并潜心佛法,而登基后崇佛,显然是在与李唐政权对立,以树立武氏统治的权威。

131

4. 大多数时候抑佛

在武则天长达半个世纪的统治下,佛教出现了历史上第一个发展高峰,唐朝也出现了全面的繁荣和进步。无可否认,唐玄宗能开创开元盛世,武则天的文治武功不能埋没。

唐玄宗上位后,开始崇道、儒并抑佛,毕竟要恢复李唐的权威,消除武后的影响。他下令禁止信众捐建寺院,整肃僧尼队伍、淘汰超额僧尼,限制并剥夺寺院的财富,拆除所有村坊佛堂,还为出家者规定了严格的考试制度。

安史之乱后,国库空虚,朝廷开始向寺院敛财,甚至依靠出卖

132

度牒收取"香水钱"。朝廷带头将佛教"市场化",佛门不再是净土,僧尼良莠不分,佛教在唐朝后期开始走下坡路。

第五节 兴也大唐,败也大唐

1. 佛教在唐朝

纵观唐朝的所有最高统治者,真正潜心向佛的是武则天和唐代宗李豫。与前辈一样,李豫也是一位饱经苦难,为大唐王朝立

下殊勋的皇帝。借用欧阳修的一句话,李豫"平乱守成",很有作为。他与武则天感恩并借佛抑道的出发点不一样,李豫崇佛是基于性格,是深陷悲痛的自我救赎。

安史之乱爆发后,吐蕃、回鹘轮番作乱,李豫这位由宦官拥戴的皇帝,不得不肩负起拯救唐王朝的使命。他亲任天下兵马元帅,在郭子仪的帮助下两度收复洛阳,平定西北少数民族叛乱。他目睹了"国破山河在"的满目疮痍,而更为直接的痛楚是遭遇沈氏失踪、7个女儿先后夭折、贵妃独孤氏病逝等一系列挫折。性格恭和的唐代宗李豫深感人生无常,便将感情寄托于佛教。

之后唐德宗、宣宗也都真心礼佛,但这些被宦官专政弄得手足无措的皇帝,再也没有李唐家族的先人们那种自信和气度。佛教在他们统治的时代,也不过传递了兴盛时期的一丝余响。

133

2. 佛教的艰难发展

佛教虽然是外来教派,但汉朝以来已经逐渐深入中原人的生活,并逐渐本土化。比如北齐时全国有 200 万僧尼,占据全国人数的十分之一。不管唐朝统治者弘佛还是抑佛,佛教都在儒教和道教的夹缝中艰难而倔强地成长着。

唐朝对出家人严格管理,制定并实行了童行、试经、度牒、戒牒等考核制度,要成为一名合格的僧尼,需要背诵 200~500 页经文。即便要求如此严格,在盛唐时代,全国依然有 30 万左右的僧尼。

3. 韩愈的小文章

安史之乱动摇了唐朝的统治,对佛教来说也是一场浩劫。但另一方面,佛教开始由上层(皇家贵族和士大夫)向民间过渡,逐渐平民化,给广大百姓以精神的寄托和安慰。

就在佛教勃兴于民间之际,元和十四年(819年),著名散文家、时任刑部侍郎的韩愈写了一篇《谏迎佛骨》,借宪宗皇帝迎法门寺的佛骨舍利去皇宫供养之事,极力反对朝廷中人信仰佛教。

看似一篇小文章,实则暗示道教和佛教的争斗。这一次,韩愈输了,毕竟迎佛骨是皇室的主张。但到唐武宗执政的会昌五年,风云突变。赵归真代表道教,与佛门知玄法师在朝堂之上展开辩论,辩题是"神仙可学不可学"。佛教输了这次辩论,也为自己种下了祸根。

4. 会昌灭佛与佛教的拯救

这年正月三日,一道诏令颁布下来,在全国范围内淘汰僧尼,征收庙产,随后干脆直接剥夺庙产,勒令僧众还俗,严格检查僧尼的度牒。到了五月,唐武宗命令遣退没有度牒的外国僧人;六月,全国各地的大小寺院基本拆除或挪作他用,只留下49座寺庙,而每寺最多保留30名僧尼。

会昌灭佛导致佛教的彻底衰败,好在得到唐宣宗的拯救,才得以重新焕发生机。宣宗李忱是武宗的皇太叔,也是由宦官拥立。他是一位难得的明君,只可惜生在了晚唐。传说他曾经剃度出家,因此登基后便立马拯救佛教,处死了建议灭佛的道士赵归真。关闭的寺院得以恢复,被迫还俗的法师重新登坛讲经,僧人也被邀请进宫,与道士一起参加皇帝诞辰的庆祝。

第六节　玄奘西行取真经

1. 真实的玄奘

135

中国四大名著之中,唯有《西游记》老少咸宜,脍炙人口。特别是拍成电视剧后,唐僧师徒形象深入人心,除孙悟空外,观众记忆最为深刻的应该就是唐僧这位善良仁厚、信仰坚定的僧人了。在文艺作品中,唐僧似乎除了一表人才和取经的决心,还有一通紧箍咒而外,毫无自保能力,全靠孙悟空师兄弟护送和各路神仙帮衬。

玄奘法师像

这一艺术形象的原型——唐代高僧玄奘,却并非如此。

玄奘出身于官宦之家,先祖可以追溯到东汉名士陈寔,他的父亲陈惠是隋朝官员,后辞官归隐,也是一代名士。玄奘出家可能有父亲的影响,但主要是因为在洛阳净土寺出家的二哥陈素(长捷法师),玄奘幼时便入寺学经(实际上他在10岁时已破格出家)。

在洛阳苦读6年经文后,玄奘与二哥先到四川成都学习,四五年后博采众家之长,佛法日渐精进。唐朝建国后,玄奘兄弟二人又到各地云游,访师学法。当时,中国佛教界形成"地论学"(北方)、"摄论学"(南方)两种学说,双方无法统一。为了解决这个问题,玄奘决定西行求法,取回原始的佛教经典。

2. 唐三藏是这么来的

玄奘西行到的是印度和巴基斯坦,按照今天的条件,别说乘坐飞机汽车,哪怕一路骑行前往也并不是一件难事。但在1400多年前的唐朝,那可是史诗般的伟大壮举。经过多个国家,穿越无数的戈壁沙漠,沿途遭遇无数猛兽、强盗……单边行程一万多公里,何况玄奘还是"冒越宪章,私往天竺",就是违背国家法律的偷渡客。

贞观元年(627年),玄奘向朝廷打了个"出国申请",唐太宗没有批。这年他才25岁,但经过多年的学习和修行,已经成为皇帝赏识的高僧大德,在佛教界也举足轻重。太宗当然不允许他出境,万一出国不回来,那可是人才流失。

但这并没有阻止玄奘的脚步,拿不到官方护照,那就偷偷地去。他千里迢迢来到迦湿弥罗国(今克什米尔),一路跋涉一路学习梵文经典、瞻仰佛教遗迹,直到中印度。他在游历十多个国家后,暂停前进的脚步,在那烂陀寺学习佛法。接下来,他先后去了印度半岛的北部、东部和中部,在广袤的佛教圣地印度次大陆上游历和学习。

玄奘长时间刻苦钻研佛法,向高僧大德学习,加上自己的悟性,被那烂陀寺推选为通晓"三藏"(佛教经典的总称)的"十德"。

他潜心著述,学习期间应国王之邀讲学,在有18个国王、3000多个大小乘佛教学者参加的佛学辩论大会上舌战群僧,名震天竺,被当地佛教学派分别尊为"大乘天"和"解脱天"(分别为佛教尊号)。

137

3. 法师本信佛

玄奘只身去国外,并未借助唐朝的威仪,当然只能凭真本事吃饭。

643年,玄奘取回真经,此时的唐太宗也听说他在国外为大唐挣得面子,龙颜大悦,不但不责问他非法出境的事,还在洛阳接见了他。

这对玄奘来说并不是什么好事,毕竟手头还有大量的工作——从印度及中亚地区取回的真经,一共526策(以竹木片为材质的书)、657部,急需翻译。但是,西行后的玄奘已经成了名满佛门的高僧,一举一动都在朝廷的控制之下。他不但无法按照自己的意愿翻译经书，还再三被唐太宗、高宗等人劝逼归俗，参与朝政。好在皇帝终于拗不过他，玄奘才能够在长安设立译经院，吸收来自全国以及东亚诸国的优秀学员。他一边培养外语人才，一边积极组织翻译，花了十多年才将所有经文译成汉语。

太宗倒是比较支持他，不但认真阅读他翻译的《瑜伽师地论》，还欣然作序，唐高宗也专门撰写了文章。有了取经的传奇经历和取回的宝贵佛经，玄奘的唯识宗创始人身份已经无足轻重。他还将老子的著作翻译成梵文，而在翻译之余，还口授完成文学价值极高的游记著作。

4. 抽时间完成口述游记

唐太宗求贤若渴，一次次要求玄奘还俗当官，并不是不知道他在佛学界的重要地位和作用，但朝廷更迫切的是搞定河西走廊并向西发展，玄奘沿着遥远而陌生的大漠戈壁亲自走了一趟，定然对这一线的军事地理情况了然于胸。

玄奘被太宗皇帝纠缠不过，抽空口述，由弟子辩机执笔撰写了西行游记《大唐西域记》。全书一共12卷，于646年完成，记叙了玄奘西行亲历或了解到的邦国、地区共计139个，包括了疆域、气候、山川、风土、人情、佛学等珍贵内容。

《大唐西域记》不但为当时唐王朝向西军事开拓提供了珍贵情报，对后世研究中亚、南亚的历史也起到了重要作用，已被译为德、法、英、日等多国文字，对世界历史文化产生了广泛影响。从各方面来说，玄奘都无愧于"千古之一人"（梁启超语）。

第七节　日本佛教来自中国

1. 日本的佛教发展

佛学经过千百年来的传播和发展,在日本留下了大约75000座寺院、30多万尊佛像。日本的法隆寺,又名斑鸠寺,位于日本奈良生驹郡斑鸠町,为世界最古老的木构建筑群,已被列为世界文化遗产。

然而,日本国最早是没有佛教的。625年,高句丽和尚来到日本传播佛教,开创了日本三论宗,而高句丽的佛教来自中国。日本的飞鸟时代(592—710年),摄政的圣德太子大力推崇佛教,派遣唐使来唐朝学习佛法和文化,并将佛教作为国教。

从此,佛教在日本广为传播,成为日本施行教化、统一思想的有力武器。

2. 玄奘与鉴真的贡献

653年,来自日本的僧人道昭来到唐朝,跟随取经归来的玄奘大师学习法相,为日本带回了法相唯识宗。除了道昭,还有智达、智通等僧人求学于玄奘,他们与后来的智凤、玄昉等日本僧人一道,回国后将唯识宗分为南寺和北寺两个流派广泛传播。从那以后,华严宗、律宗、俱舍宗、天台宗,与先前传入的三论宗、成实宗,在日本一并称为奈良六宗。

与玄奘一样,江苏人鉴真也是一位了不起的大师。他生于武则天时代,14岁随父出家,后在洛阳、长安拜师受教,广泛涉猎各门类知识,很快成为律宗的高僧。回到扬州后,其担任大明寺主持,成为当地佛教领袖。

鉴真最著名的贡献,当属受日本佛教界和政府的邀请,东渡日本,为信徒受戒传佛。

玄奘与鉴真,一个西行取经,一个东渡传经,后者在海上经历的困难并不比前者少。从天宝二年(743年)与弟子祥彦、道兴等首次东渡开始,鉴真在10年内出海5次,因海上风浪、触礁、沉船以及官员阻挠屡遭失败。最后一次,居然被风浪裹挟到了海南岛。62岁的鉴真因眼疾双目失明,弟子及邀请他的日本僧人相继去世或病故,但他依然坚持东渡。

753年,鉴真带着弟子40余人再次从扬州出发,第六次东渡终于成功,于第二年到达日本首都平城京(现日本奈良)。

历经磨难东渡的鉴真,首先在东大寺开设戒坛,为两位天皇和众多日本高僧受戒。他接受天皇赐予的"大僧都"职务,统领日本所有的僧侣,创立戒律制度。

除了佛学,鉴真对五明之学(声明、工巧明、医方明、因明、内明)钻研颇深,广泛涉及语言文字、工艺技术、医药、思辨逻辑和佛教各宗学问,在建筑、医药等方面也有很深造诣,在日本传播建筑、雕塑、医药、艺术等知识和技术。

鉴真在日本辛勤不懈地传播唐朝文化,去世后安葬在日本,享有日本"文化之父""律宗之祖"的尊号。

3. 日本的迫切需求

　　鉴真不顾生命危险六次东渡,固然有一心向佛的虔诚,也与日本统治者的良苦用心分不开。

　　我们知道,日本一直在向中国学习,特别在看到隋唐的强盛后更相继派出大批遣隋使和遣唐使,开启了以学习中国文化和制度为主的"大化革新",全面引进了"租庸调制"等国家管理制度,但很快出现水土不服,日本老百姓为逃避赋税和兵役,要么逃亡,要么出家。在当时的日本,出家很简单和随意,无须戒师即可以自行出家为僧。

　　大批百姓纷纷出家,佛教实力倒是增长了,国家财政却大幅度削弱,统治阶层意识到,必须利用和控制佛教。怎么才能达到这一目的呢?向唐朝学习——实行受戒制度。但日本缺少知名僧人,无法主持受戒仪式。于是,日本派遣唐使到唐朝物色名僧大师。他们先后找了几位,有的不够有名,有的不愿东渡,日本僧人最终找到了鉴真大师。

第七张画 | 《五星二十八宿神形图》

《五星二十八宿神形图》(局部)

背景介绍:

朝代:唐朝

绘者:梁令瓒(存疑)

规格:27.5 cm×489.7 cm

类别:绢本设色

此图绘五星二十八宿神形象。五星即金、木、水、火、土星。二十八宿最初是古人为比较日、月、五星的运动而选择的二十八个星官,作为观测时的标志。此图描绘想象中的星宿形象,现仅存五星和十二宿图。曾藏于宫廷内府,清末流入日本,现收藏于日本大阪市立美术馆。

第一节　神像到底是谁画的？

1. 作者是梁令瓒吗？

《五星二十八宿神形图》（以下简称《二十八宿图》），顾名思义，画的是"五星"和"二十八宿神"的形象。原图分为上下两卷，现在只剩上半卷，只有五星及其十二宿，其余十六宿遗失了。图上的各位星宿形象各异，都配有一段说明文字，卷首有题款："奉义郎陇州别驾集贤院侍制×××梁令瓒上。"

五星，指的是"金木水火土"五大行星；二十八宿，即二十八个星座，为中国古代天文学家对周天恒星的划分。梁令瓒何许人也？唐朝的天文仪器制造家、知名画家。其擅长绘画，且是官方任用的天文仪器制作者，画二十八宿是有大用处的，于是很多人认定画作者必定就是梁令瓒了。

但事情并没这么简单。由于年代久远，关于成画的年代，便有唐、梁（代）的不同说法，何况作者呢？这个"梁令瓒上"委实不能说明作者的归属。

2. 到底是谁画的？

对于《二十八宿图》的作者，历代学者主要有以下观点。

吴道子说。

这种说法出自宋代著名画马大师李公麟。李先生被认为"宋画第一人"，与苏东坡的关系很好，还是一位文物古器鉴别大师，并且唐宋年代相隔并不久远，其观点不能不引起重视。

阎立本或吴道子说。

这是张丑的观点。张丑是明代书画收藏家、文学家，出版了不少古画的研究专著，也不是胡乱说的。

明朝著名画家董其昌认为是吴道子，同为明代画家的陈继儒则认为是阎立本。

144

《五星二十八宿神形图》(局部)

清代出了一位书画收藏家安岐，祖上是盐商，收藏颇丰，遂成书画研究家、鉴定大师。他经研究认为，此画不是阎立本也不是吴道子，作者要么是梁令瓒，要么是梁作的摹本。人家可是有依据的——此画用笔细谨,线条匀称,不同于吴道子的"尊菜条"(两头细中间粗),但与阎立本的"铁线描"类似,浓厚的设色方式也接近于阎立本。

3. 作者是梁令瓒的可能性最大

这样争下去也不是事儿,有人干脆拉出梁朝的张僧繇,说此画原作者要么是他,要么是梁令瓒临摹他的画作。张僧繇是南北朝时期的佛像画和壁画大师,在雕塑技艺方面创立了"张家样"。但不久这种说法就被推翻了,原因是画中的人物造型和法器都属于密宗,而密宗在唐朝开元初年(713—741年)才在中国传播,梁朝人张僧繇自然画不出来。

与开元年间相去不远的中唐诗人、画家李约,是唐朝宗室,官任兵部员外郎(相当于国防部下设的副司长),喜欢收藏古画。有一次他收得张璪的《松石图》,老婆却将此画洗干净,用绸布做了衣物。插补这个小故事,是想说他收藏或所见古画甚多,而他在《图绘宝鉴补遗》一书中力挺《二十八宿图》的作者是梁令瓒。

第二节　神话与科学共生

1. 古代的天文官

科学通常在日常生活中闪现，在远古时期，当人们无法理解某些现象时，就将其演变为神话。太阳起落，月亮盈亏，引导人们注意到方位和时间，慢慢地，古老的壁画上出现了太阳、月亮和星辰。

"乃命羲和，钦若昊天，历象日月星辰，敬授人时。"（《尚书·尧典》）说的是，尧命令羲和，密切观察日月的循环，测定日月星辰的运行规律，给大家提供计时依据。这位羲和，是中国的太阳女神与制定时历的女神。这个传说证明，在上古时期人类就有专门的天文观测人员。而到了周朝，专职的天文官冯相氏（登高观察天象）、保章氏（负责观察反常星象）出现了，他们的职责是"掌天星，以志星辰日月之变动……"，后来到秦汉时期改为"太史局

146

《五星二十八宿神形图》（局部）

（监）”，到金元时期改为“司天监”，明清时为“钦天监”。隋唐时的太史局下设历法、天文、漏刻、视祲（望气预言灾祥）等博士，主要负责天文、历法和计时。在本书第一章里提到的太子东宫的那位率更丞王晊，就是掌管漏刻计时的七品官。

2. 中国古代天文学

中国古代的天文学在世界上处于领先水平。现代与公历（阳历）对应的农历（阴历），又叫夏历，相传在夏朝就发明了。夏历早已失传，无可考证，但甲骨文上记得明确，商代已经把一年分为春、秋两季，设立了平年（十二个月）和闰年（十三个月）、大月（三十天）和小月（二十九天）。沿用数千年的历法充分说明，至少在商代已经有很多像“羲和”这样的天文观测者和历法制订者。

在商代人们观察到日食、月食等天文学现象的基础上，春秋时人们凭借月亮的盈亏推测每月太阳的位置，建立起二十八宿体系，将一年分为春、夏、秋、冬四季，并在《春秋》一书中出现了世界上最早的关于哈雷彗星的确切记录。战国时甘德和石申撰写出世界最早天文学著作，即后人所说的《甘石星经》。慢慢地，对应农事的二十四节气出现了。

秦汉时统一了历法，汉武帝时使用司马迁参与改定的《太初历》，包括节气、闰法、朔晦、交食周期等。张衡还制作出浑天仪，并出现了“浑天说”（浑天如鸡蛋），接着又有了“宣夜说”（天无边无际）理论。南北朝的祖冲之制订了精确度极高的《大明历》。唐朝重新编订历法，僧一行、南宫说等人得出世界最早的子午线长度实测数据。各种星图出现了，星座多达1350多个。宋朝出现天文钟"水运仪象台"，元代郭守敬编写出中国古代最精密的《授时历》，比现行公历早了300多年。

明朝时期则主要向欧洲学习，天文学发展的脚步放缓。

3. 天文、神话与迷信

古代发达的天文学在元末出现发展缓慢的趋势，原因在于官方垄断了天象观测，老百姓老实种田交赋税就行，绝对不允许观察和研习天文。明朝朱元璋还规定天文官必须"世袭嫡传"，不得将天文知识流传民间。失去了广大人民群众参与探索天文学知识这个源头活水，天文学便注定不能"流长"，而在民间往往将天文演绎为神话。

在《西游记》里，掌管风雨雷电的都是神仙，都有相关的法术；《水浒传》里，108位好汉由36位天罡星、72位地煞星组成。

观测星象成为与上天交流的一种神通。《三国演义》里诸葛亮和司马懿都是观天象的高手，特别是诸葛亮，可以从天象中预测自己的寿命。

缺乏天文知识的广大百姓更将彗星、流星、日食、月食等天文现象与灾祸联系起来。统治者看到了这一点，便让朝廷垄断天文学知识，玩出了一些"祭天祭地""观天祈雨"的鬼把戏糊弄百姓。不过，帝王们在实行愚民政策的同时也愚弄了自己，直到20世纪初期，清末皇室依然沿用"黄道吉日"的传统，结果把自己给玩完了。

148

第三节　天文工作只是业余爱好

1. 梁令瓒别传

　　史书对梁令瓒的身世记载很少，只说他是蜀（今四川省）人，大约因为他的职位不高——在玄宗开元年间先任集贤院待诏。待诏是闲职，唐朝将擅长诗文、绘画、医卜等技术人员集中到集贤院，供皇帝使唤，这些人就叫待诏，比如医待诏、画待诏等。

　　梁令瓒应该是因为写得一手好篆书，并且擅长人物画才被选入集贤院的。李公麟都说他画技堪比吴道子。虽然除开《二十八宿图》再无多少作品传世，但他留下了《图绘宝鉴》《平生壮观》《大观录》《墨缘汇观》等书法绘画著作。

　　后来，也不知是不是制作天文仪器有功，朝廷终于提拔他当了龙州别驾（郡守的佐官）、率府兵曹参军，这些都是级别不高的小官，但前面加了一个"奉义郎"（从六品上）的散官官衔。无论如何，单凭这些微末官职是无法做到留名青史的。

2. 了不起的黄道游仪

　　历史无法忽略梁令瓒创造的成就。

　　在古代，一心只读圣贤书，学而优则仕，当官是唯一光宗耀祖

手持罗盘的仙人俑

画说大唐

150

的事,研究科学艺术都属于三教九流,从事机械手工等更被视为奇技淫巧。

既然是待诏,开元九年,梁令瓒被唐玄宗"诏"了。这次"诏"不是画马和仕女,而是帮那位叫一行的禅师做个大玩意儿。一行禅师接受皇命修改历法,唐朝当时采用的是《麟德历》,为改定这部历法,太史令李淳风专门改造了"浑天仪",制作出铜铸浑天黄道仪,并花了40多年的时间观察推算研究。

要制定精确的历法,需要更为精密的天文仪器。接受任务后,梁令瓒在前人制作的天文仪器的基础上,反复比较、试验,设计图样,制作成木质模型"黄道游仪";后经一行禅师试验,报经皇帝同意,铸成金属黄道游仪。有了这个仪器后,一行禅师开始大量观测、计算,撰写、修订出新的《大衍历》。

如果说一行禅师修订的历法是站在别人的肩膀上完成的,梁令瓒无疑就是这个"别人"。

3. 不仅仅是一架机械钟

在制作黄道游仪的同时,梁令瓒还搞了一个副业——造出了全世界最早的机械钟。

东汉张衡制作的浑天仪,小球转一圈刚好一天,可以作为粗略的计时工具。在制作黄道游仪时,梁令瓒与一行禅师一起找到了改造浑天仪的方法,制成新的水运浑天仪。新设备中代表"浑天"的圆球一半设置于木柜里,一半露出来,木柜上安装两个木人,手持鼓槌;圆球以水为动力,一昼夜运转一周,两个木人在齿轮的带动下,每刻(辰)自动击鼓、撞钟报时。这个浑天仪不再是简单的时钟,而是简易的天文钟。

只说时钟,梁令瓒的这个装置就比西方足足早了六个世纪,更别说附加的天文观测功能。梁令瓒和一行禅师实在了不起,只可惜当时的材料工艺水平不高,不然他们的水运浑天仪肯定会大批量生产,让那些掌管时间的率更丞们集体失业。

第四节　一台仪器与一部历法

1. 古老的历法

查阅日历,现代人只需手腕一抬或轻触手机屏幕即可,但在民国时期,很多中国人都需要用到一本俗称"老皇历"的小册子。在1400年前的唐朝甚至更早时期,很多人连这样的小册子都没有,过着"山中无甲子,寒尽不知年"的生活。

历法可以计量较长的时间间隔,判断气候的变化,预知即将到来的季节。统治者以历法纪年,行使统治权,指导农业生产等。

因此,历朝历代的皇帝们都非常重视历法的制定和颁发,而在世界上,一部《太阴历》让苏美尔人享誉世界,一部《太阳历》让埃及人占据了公历的源头。

我国古代历法繁多,在西汉出现第一部有完整资料的传世历法《太初历》。这部历法的制定者是四川省阆中人落下闳。他创造性地提出了浑天说,替代了过去的盖天说(天圆地方的理论),并改进了赤道式浑天仪,测定出二十八宿赤道距度,通过长期观测和科学运算,制定出了当时最为优秀的历法,还纳入了二十四节气。

南北朝时期的祖冲之除研究了圆周率外,还编制了《大明历》。他以圭表测量正午时太阳影长确定冬至时刻,将岁差引进历法,推算出一年的准确时间约为365.24日。

2. 历法的编制必须借助天文学仪器

隋唐手工业大幅度进步,有利于制作出更加严谨的天文仪器,进行更精确的天文观测。李淳风率先改制出新的铜铸浑天黄道仪——在以前四游仪及六合仪的中间加了一层三辰仪,可以同时测量黄道、赤道、地平的经纬。在先进的仪器帮助下,李淳风终于在高宗麟德二年(665年)研制出了《麟德历》。

李淳风的研究太广博,这部历法存在很多不足。一个明显的问题是,没有考虑祖冲之提出的尽量规避岁差,这个历法运行越长,误差就越大。其到玄宗时期,已经无法准确预报日食,这才将一行禅师和梁令瓒推到前台。

画 说 大唐

3. 黄道游仪的贡献

一行禅师是天文历法专家，接到任务后就给皇帝打了个报告——请太史监（主管气候和天文历法）拿出星象测量数据，而要完成测量，必须要有先进的黄道游仪。

梁令瓒在当时可以借鉴的是浑象仪，也就是历经改进的浑天仪，一个上面标示星宿、赤道、黄道、恒隐圈、恒显圈等的圆球；还有李淳风的四游仪。四游仪确实先进，但无法反映月亮轨道平面的快速变化以及黄道、赤道因岁差出现的变化。发现问题就解决问题，梁令瓒反复试验，将固定的黄道改为可以在赤道上移动的游动黄道，解决了岁差问题——黄道游仪设计出来了。

开元十一年（723年），梁令瓒在玄宗的支持下用铜铸成黄道游仪，放置于观察天文的灵台。其不但可以符合岁差，还方便在黄道环上直接读出数据。

有了这台仪器，一行禅师的工作如虎添翼。他不但积累了大量的准确数据，得到了子午线的长度，完成了比当时的各种历法精密得多的大衍历初稿，值得一提的是，一行还在世界上第一次发现了恒星的运动，比欧洲早了1000年。

第五节　唐朝的观星术

1. 三垣四象二十八星宿

　　仰望星空给了我们多少诗意的遐想，而那浩瀚的宇宙，又蕴藏了多少未知的秘密。

　　春秋战国时古老的先民也曾与我们一样在夜里仰望星空，那时没有雾霾，没有光污染，夜空一片纯净，更有利于人们聚精会神地观察。

　　原来，纷繁的星星也和人类一样，也是有联系的。东方的苍龙、南方的朱雀、西方的白虎、北方的玄武，四个星域就是四象，每象7颗星宿，一共28颗星，加上紫微垣、太微垣、天市垣三垣，共同构成星相学上的"三垣四象二十八星宿"。

　　在夜空里，苍龙、朱雀、白虎、玄武是围绕"日、月、五星"的四个象形，每个星域里闪亮的7颗星可以组成龙一样的形状。

　　到了唐代，出现了"三垣"的说法，将二十八星宿之外的星星包括在内。其中紫薇垣为中垣，指代皇宫，又称紫微宫，以北斗七星作为中心；太微垣为上垣，指代官府，以五帝座为中枢，共含20个星座；天市垣为下垣，指的是集市，里面的星星名字也就与集市相关。也不知郭沫若的那首《天上的街市》是否受到了古老星相学的启示。

星空

2. 古代的专职观星人

我们已经知道,古代的天文历法被官方世家垄断,普通百姓不能染指,除了制定历法之外,另一个重要原因是天文官掌握了观星术。

各朝代观察天象、推算历法的机构各不相同,隋设太史监、唐设太史局,后改为司天台,宋元时称司天监,明朝改为钦天监。不管太史局、钦天监、司天监,其中一个重要工作就是"观天象",一方面是为了科学事业,另一方面就是为了观星术。

观星其实是一种古老的占卜术。在中国古代,帝王将自己和国家的命运与天象变化联系在一起,遇有重大决策时,常召负责观察天象的官员,想通过天象变化预测未来。

《五星二十八宿神形图》（局部）

画
说
大唐

156

　　在唐代，太史局设有灵台郎（天文气象）、保章正（天文历法）和漏刻博士（漏刻计时）等职务，采取"传帮带"的方式教授学生，并开展相关工作。唐朝的管理较为开放，并不打压百姓从事"天象观测"，相反还从民间发掘人才。比如，升任太史令的李淳风是道士；善于风鉴（凭风声风向判别吉凶）看相的袁天罡，本来是县令；一行禅师和梁令瓒都是之后改行从事天文学工作的。

3.《二十八宿图》中的密码

　　回到《二十八宿图》,其中每一象都隐藏密码,这些密码可以在《易经》等奇书中找到破译的方法。比如苍龙七宿位于东方,龙代表着古代的皇帝;朱雀七宿位于南方,属火,代表夏季;白虎七宿位于西方,属金,是瑞祥之兆,主杀伐,可以镇宅辟邪;玄武七宿位于北方,代表寒冷,像龟,意味长寿。

　　通过前文的阅读,读者朋友或许与笔者一样,无法否认《二十八宿图》是梁令瓒在与一行禅师合作天文仪器时的产物。二人应该不会相信所谓的观星术,因为制作黄道游仪之时,梁令瓒考虑到观测的方便,将四根支柱设计在四个斜角上。一行禅师利用这架仪器,除了观测日月及金木水火土五星外,还测定出了150多颗恒星的位置。

第六节　星占术的危害

1. 神秘的太白金星

　　李唐王朝崇道,自然要善待方士,迷信方术,尤其对星占术深信不疑。

648年,长安城多次看到"太白(星)屡昼见"的天象。太白星就是金星,《诗经》里就有记载"东有启明,西有长庚",不是因为神秘,而是因为它在运行到早晚之时亮度最大,也最容易被人们肉眼看见。

当时的太史局的研判结果是"帝传三世,武代李兴""女主昌"。太宗对大唐的命运越发担心,毕竟这样的事有前车之鉴。

那还是他没当上皇帝的626年,"大唐武德九年六月丁巳,太白经天。己未,太白复经天"。六月初一、初三两天,太白金星都在白天出现。太白"经天"(白昼见到),要么改政易王,要么百姓流离失所,是不好的兆头。当时高祖李渊接到太史令傅奕的研判报告:"太白见秦分,秦王当有天下。"这一来,皇帝接班人太子李建成咋办?来不及仔细考虑,接下来就有了黑暗的玄武门之变。

2. 星占害死猛将

在一次朝廷宴会,各位将军喝高兴了,互相讲出自己的小名(乳名)取乐。当听到"五娘子"时,在座的太宗暗地吃了一惊,与报完名字的李君羡随便聊了几句,但心底里早就嘀咕开了:这小子担任左武卫将军,封武连县公,在武安县,每处都有"武",小名又叫"五娘子",莫非就是"武代李兴"的这个"武"吗?不久,李君羡受到御史弹劾,以与妖人勾结之罪被处斩刑,全家抄没。

好在武则天登基后,将他平反昭雪。

李君羡何许人也,随秦叔宝归附唐朝后,参加了对宋金刚、王世充、窦建德、刘黑闼等势力的多次战斗,建立了很多军功。太宗刚即位,他与尉迟恭击破突厥,解了长安之围。后来他驻防兰州,跟随段志玄大破吐谷浑。唐太宗曾发出"君羡如此勇猛,强虏何足忧虑"的赞扬,并且左武卫将军、武连县公、值守玄武门这些封号和职务,都是皇帝给的,怎么就与太白金星联系起来了呢?

《五星二十八宿神形图》(局部)

3. 星在降娄,王师必覆

"今岁在庚午,星在降娄,不应有事西方,邓艾所以死于蜀,吾固知王师必覆。"670年,唐朝名将薛仁贵在青海大非川遭遇40万吐蕃军队的包围,几乎全军覆灭,当唐高宗追责时,他说了上面这句话,意思是什么呢?

他说的是:这次岁星(木星)到了"降娄"(仙女座)位置,不应该在西面用兵,这也是邓艾当年死于蜀地的原因,我的失败也在所难免。

细细品读这句话，实际上隐藏了外出征战的武将无法直说的憋屈——薛仁贵与三国名将邓艾一样，都出身寒门，依靠军功起家，都遭到了门阀世族的排挤和陷害。薛仁贵军功卓著，颇得几位皇帝赏识，但出身低微，多次受到官僚的弹劾、排挤。大非川之战，失败的原因在于身为副将的官二代郭待封（唐朝开国名将郭孝恪之子）不听指挥，延误粮草辎重，主帅薛仁贵无法及时发动攻击。

由此看来，其实很多所谓的天灾，完全是可以避免的人祸。

第八张画 | 《调琴啜茗图》

《调琴啜茗图》

背景介绍：

朝代：唐朝

绘者：周昉

规格：28 cm × 75.3 cm

类别：绢本设色

该画描绘唐代仕女调古琴饮茶的生活情景，现藏于美国密苏里州堪萨斯市纳尔逊·艾金斯艺术博物馆。

第一节 仕女图与"周家样"

1. 周家样是啥样

《调琴啜茗图》上,三位贵妇体态丰腴健美,人物线条简约,着色柔美华丽。周昉的这种人物绘画技法被后人竞相仿效学习,逐渐形成独特的"周家样"。

周昉是中唐到晚唐的著名画家,可能太醉心于绘画,只在越州做一名长史(刺史的佐官,无实职)混口饭吃。在画人物仕女方面,他最开始学习张萱,后来渐渐形成自己的风格。除了做到形态惟妙惟肖,他能抓住人物的神韵,画笔直达人物的内心世界。

除了仕女,他还专攻宗教人物,成功塑造了"水月观音"艺术形象。世上原本没有水月观音的形象,周昉根据玄奘在《大唐西域记》里的描述,自己构思创作出了一幅观看水中之月的观音菩萨造像。观音凝神观月,姿态优美,后来广泛流传,成为人们喜闻乐见的佛教艺术形象。

2. 画坛四圣各有千秋

周昉与唐朝的吴道子、南北朝时期的曹仲达、张僧繇并称佛教画像的"四圣"。每人有各自的技法和风格,为后世留下了瑰丽的佛教绘画艺术。

"张家样"由南北朝萧梁时期画家张僧繇创造,他在创作时吸收天竺晕染画风,开创了凹凸画技,让壁画具有强烈的立体感。因为他绘制的壁画太出名,所以拥有那幅壁画的寺庙被人称为凹凸寺。除了技法上的探索,张僧繇还能较好地记录人物的本来面目,使得画作上的人物栩栩如生。

上一章提到,创造"曹家样"的曹仲达原籍为现在的乌兹别克斯坦,来中国做了朝散大夫(散官),带来了外国佛像的绘画技巧,形成线条稠密、衣服贴身的"曹衣出水"。

吴道子的"吴家样",线条变得疏朗,成了"吴带当风"。

到周昉这里,佛教人物"丰肥端丽,衣裳劲简",形成了更容易被后人接受的绘画风格——周家样。

东晋·顾恺之《女史箴图》

3. 顾恺之的开创之功

所谓仕女,不是每个女人都能叫的。绘画史上的仕女专指封建时代的中上层妇女,日常不会种田纺纱,终日与琴棋书画为伴。

秦汉时代，还没有专门以妇女为题材的绘画，直到东晋时期出了一位叫顾恺之的大师。他在文学上也建树颇丰，但主要成就在绘画方面，留下了《洛神赋图》《女史箴图》《斫琴图》等著名画作。他画的人物生动传神，注重以眼睛表现人物神态，注意描绘人物的细节，以及用环境表现人物。在技法上，人物衣纹如游丝，线条紧劲连绵，好像行云流水一般。

他从文学和民间传说中寻找题材，塑造同时代女性和仙女形象，具有一定的理想主义色彩。不过他与魏晋时代的画家一样，依然遵守道德规范，只能小心地突破传统礼教的束缚，在严谨的创作状态下，从性格和精神层面塑造人物形象，力求表现女性的风采和才华。

4. 由魏晋走来的仕女

有位南齐画家叫陆探微，没有留下一幅画作，但绘画理论家给予他极高的评价："穷理尽性，事绝言象。"说他的画穷尽人物的内在精神气质，有"陆得其骨"的说法，在技法上"笔迹劲利，如锥刀矣"，形成类似"建安风骨"的刚健有力的风格。

不过，陆探微的画依然"笔迹周密"，到了张僧繇这里，仅以寥寥几笔的"疏体"便能穷形尽相，已经具备纯熟的绘画技法和多样化的风格。为迎合士族的奢侈生活，这些技巧和风格很快运用到了仕女图创作上，顾景秀、刘瑱等专攻仕女的画家涌现了出来。

唐代国力强盛，政治开明，女性地位不断提升，画家广泛涉猎仕女题材,将画笔对准她们的日常生活。比如周昉笔下的挥扇仕女、簪花仕女、出浴的贵妃,已经不再是没有烟火气的仙女了。

第二节 教坊犹奏别离歌

1. 优雅的女琴师

唐朝少不了音乐和歌舞,在那座著名的唐三彩骆驼背上,七个男乐俑盘腿而坐,分别用笙、琵琶、排箫、拍板、箜篌、笛、箫等乐器演奏,中间还有一位女子正在歌舞。

165

《调琴啜茗图》的左边,也是图画的重心,一素服妇人,体态丰满,懒散地坐在石凳上,膝上枕一把古琴。旁边的两位妇女被琴音吸引,都侧过身子认真观看。调琴者左手轻抚琴弦,左臂自然下垂,信手调试,想必调琴技术相当娴熟,而手指柔美细嫩,给人无限遐想。

三彩载乐骆驼俑

女子所操之琴为古琴，又叫七弦琴，是中国传统拨弦乐器，传说三皇五帝时就已经出现，有三千多年历史。"无丝竹之乱耳"的丝，说的就是古琴。

古琴音域宽广，音色深沉、悠远，韵味无穷。中国古琴已经被列入世界文化遗产，弹拨难度大，琴师需要多年的练习方能熟练演奏。

图中的妇人能熟练调琴，自然也能演奏，她的技艺从何而来呢？

2. 虾蟆陵下琵琶女

笔者想起高中课本上的那首《琵琶行》，作者是伟大的现实主义诗人白居易。诗里面有这样的句子：

自言本是京城女，家在虾蟆陵下住。

十三学得琵琶成，名属教坊第一部。

琵琶女家住虾蟆陵（下马陵），据说汉朝的董仲舒，就是"罢黜百家，独尊儒术"的那位，就安葬在这附近。白居易将琵琶女这一艺术形象的住处与这位思想家和政治家安放在一起，有无什么深层次的用意不得而知。但这两句诗至少提供了这些信息：琵琶女是京城长安人士，出身也不错，年幼时就进教坊学习琵琶，十三岁学成，名列教坊第一部。

接下来，白居易写道：

曲罢曾教善才服，妆成每被秋娘妒。

五陵年少争缠头，一曲红绡不知数。

这又是怎么一回事呢？一切得从唐朝的"教坊"说起。

3. 唐朝的教坊

唐朝以前,历朝有专门的"礼乐",演奏的是宫廷音乐,用于所有国家层面的娱乐、朝贺与祭祀等,成书于西汉的《礼记》里就有记载。

李渊建国后,或许一时高兴,命太常寺(主管宗教礼仪)在宫中设立教坊。武则天时代,教坊改名为云韶府,直接由太监管理。这个阶段,教坊的职责是对宫女进行礼乐教育,活动范围在宫城内。

很显然,白居易笔下的琵琶女是进不了这样的教坊的。终于等到了唐玄宗。这位皇帝在艺术造诣上与后世的宋徽宗有一比,喜好民间音乐,便接受大臣的建议,于开元二年(714年)将教坊分为内教坊和外教坊(又分为左右教坊)。内教坊设在蓬莱宫旁边,面向全国挑选才貌俱佳的女子,能进去的都享受朝廷乐官待遇,直接为皇帝服务。外教坊设在长安或洛阳,主要负责对歌舞杂技等演艺人员的管理,教习排练民间音乐。朝廷除祭祀而外,也会让外教坊的演员前来歌舞助兴。

4. 老大嫁作商人妇

在唐朝,女子被招进教坊就成了官伎,连户口都被划为"乐籍"。如果某位教坊女子"色艺双馨",得到权贵甚至皇帝的厚爱,她的一生便从此改变——"五陵年少争缠头,一曲红绡不知数"。因此,才有那么多女子挤破脑袋去当官伎。

但得记住一点,既然为官伎,便被限制了人身自由。一旦"暮去朝来颜色故",要么"老大嫁作商人妇",要么就是只能在教坊里待着。

第三节　共奏一曲《霓裳羽衣曲》

1. 一支曲子的前世今生

168

《琵琶行》里还有一句:"轻拢慢捻抹复挑,初为《霓裳》后《六幺》。"其中的《霓裳》就是《霓裳羽衣曲》。此曲相传为唐玄宗所作,是在太清宫祭祀太上老君时演奏的曲目,是法曲中的精品之作。

在此插播一条冷知识:法曲,在东晋南北朝叫法乐,到隋朝由西域各族音乐与汉族的清商乐结合演变为法曲,用于佛教法会,在唐朝吸收道曲获得发展。

既为法曲精品、唐歌舞集大成之作,《霓裳羽衣曲》堪称伟大的神曲了。此曲伴随唐朝极盛的开元年来到人间,在导致唐朝衰落的安史之乱中失传。南唐的李煜与另外的乐人基本补齐全曲,但在国破之后将其烧毁。南宋那位善写伤感词的艺术大师姜夔发现商调霓裳曲的乐谱十八段,将其收进了自己的著作。

现在我们能听到《霓裳羽衣曲》,得感谢已经故去的叶栋先生,他综合敦煌藏经洞残留资料、《仁智要录》(日本筝谱集)以及姜夔的著作里的曲谱,经研究,最终编成这天籁之曲。

2. 玄宗功不可没

《霓裳羽衣曲》大概形成于开元年间,但作者是谁尚无定论。不过,流传的三种有关作者的说法都与唐玄宗有关。通常的说法是唐玄宗入住连昌行宫时,登上位于连昌河与洛河交汇处附近的三乡驿,欣赏远处的女几山风光获得灵感,写下了这首曲子。

这个说法来自刘禹锡的诗作:

> 开元天子万事足,惟惜当时光景促。
>
> 三乡驿上望仙山,归作《霓裳羽衣曲》。

刘禹锡出生在唐玄宗过世之后不久,高中进士后做了朝廷高官,参加了"永贞革新"的改革运动。他也去了三乡驿,目睹玄宗皇帝留下的《望女几山诗》,便推测其在此创作了《霓裳羽衣曲》。

《唐会要》上有第二种说法:《霓裳羽衣曲》是玄宗在西域传入的印度《婆罗门曲》基础上改编的。

另外的人干脆把两种说法糅在一起,说此曲既有玄宗灵感触发后的创作,又有对《婆罗门曲》音调的吸收。

也就是说,唐玄宗要么是《霓裳羽衣曲》的作者,要么是编者。当然,也不排除该曲由其他著名音乐家创作完成,交给皇帝修改,然后由皇帝署名。

莫高窟中吹笙伎乐飞天图

3. 传世名曲

撇开这些争论，咱们一起来看看这支舞曲。

《霓裳羽衣曲》描写创作者带着向往前去月宫，见到美丽的仙女，营造出一幅精妙绝伦、虚无缥缈的道教神话场景，着力表现神仙在天界的生活，展示仙女们婆娑曼妙的舞姿。

这支曲子集中显示了唐代宫廷音乐的实力，伴奏采用磬、筝、箫、笛、箜篌、筚篥、笙等多种乐器，能演绎出震撼人心的精品华

170

章。此曲一直让唐玄宗引以为傲，被作为宫廷表演的保留曲目，他还亲自教授乐工演奏、宫女演唱。相传杨玉环初次进见，玄宗亲自演奏了这支曲子。此后，玄宗专门建立了梨园，由杨玉环设计动作，令乐工排练了大型歌舞《霓裳羽衣舞》。

因为"乐调优美，构思精妙"，再加上是玄宗皇帝的作品，全国各地纷纷排演此曲，唐代文人更是竞相歌咏，连白居易、元稹等人都留下相关诗作。

《霓裳羽衣曲》是中国音乐史上的一座丰碑。只可惜"风流天子"唐玄宗晚年沉湎于声色，成就了音乐，却耽误了这个国家。

第四节　唐茶是煎着喝的

1. 喝茶从什么时候开始

中国什么时候开始有茶？有人说唐代，因为这以前没有茶，只有荼（通茶），"至唐始妄减荼字一画，以为茶字"（出自黄现璠《古书解读初探》）。不过，黄先生研究发现，"非真无茶，乃用荼以为茶也"。不要因为没有出现茶字，就说唐代以前没有茶。

于是，对茶的起源就众说纷纭了。唐代的"茶圣"陆羽称"茶之为饮，发乎神农氏"，说是神农在尝百草的过程中发现了"口舌生津、安神醒脑"的茶叶。但神农氏本身就是传说中的人物，人们喜欢把一些关于农业种植相关的发明都安在他的头上。不过,在《华阳国志·巴志》里有巴国以茶纳贡的记载,而与茶有关的最可靠文字是西汉王褒撰写的《僮约》,这份关于奴仆的契约里有"烹茶尽具""牵犬贩鹅,武阳买茶"这样的句子。第一句说的是煮茶并准备好茶具;后一句是说去武阳(今四川彭山)市场上买茶。

那么,至少在秦汉时期,中国人就有了喝茶的习惯,那时的茶是煮的。

唐·佚名《唐人宫乐图》(局部)

2. 唐朝煎茶喝

几百年过去,唐朝人依然还煮茶吗? 当然是,唐代以前用生茶叶煮饮,唐及唐以后则以干茶煮饮,人们会加入葱、姜、枣、橘皮、茱萸、薄荷等佐料。后面还出现了撮泡茶,即现代人的主流饮茶方式,用沸水直接冲泡散茶。之后又出现了点茶,将茶末以沸水调成膏状,然后注水击打出现白色茶沫。点茶在宋代成为最主要的吃茶法。

　　唐人对待茶叶的最主要方式是煎茶。他们将茶叶制成的团饼经过炙、碾、罗等工序变成茶末,再根据水的沸腾程度煮茶分饮。《调琴啜茗图》里妇人的"啜"茶,已是煮茶的最后一环。煎茶与煮茶类似,不同之处在于,煎茶在水二沸时煮,煮茶则随时开煮。

3. 煎茶工序

　　唐代的茶叶先会被制成"饼茶"。饼茶又叫"团茶"或"片茶",是将新鲜的茶叶经过蒸、捣碎,拍打压制成为饼状,再用火烤干保存备用。煎茶时,取出茶饼以火炙烤,为的是除去水分,随后放在纸袋里不让茶香散失;待饼茶冷却后,碾磨成粉;接下来用筛子筛茶末,将最细微的茶叶粉末装在盒子里,就可以烧水煎茶了。

　　煎茶需要使用茶炉和茶釜,以作烧水之用。然后备好竹夹、茶则(茶末量器,通常为竹、铜材质),便可以煎茶了。

　　唐朝煎茶的具体过程如下:

　　"一沸"加盐调味——锅内的水煮出气泡,伴有微微的响声时,加盐。

　　"二沸"舀水搅动——锅边连续冒泡,舀出一瓢开水,用竹夹搅出水涡,加入适量茶末投入水涡之中。

"三沸"还水入锅——水面波浪翻滚时,将舀出的那瓢水倒回锅内止沸。

接着,清除锅内茶汤表面的一层黑色水膜,便可分入茶杯中慢慢享用了。

煎茶手艺好坏取决于第三沸后,取出的第二沸水如何止沸培育汤花,根据汤花的厚薄轻细有"饽""沫""花"的叫法。在分茶的时候,要将沫与饽分均,而茶汤以淡黄色为最佳。

第五节　陆上一羽自成仙

1. 不朽的《茶经》

"茶者,南方之嘉木也。"

说这话的人叫"鸿渐",不过他不是《围城》里姓方的那位,这人是生在唐朝,姓陆,别名羽。陆羽一辈子研究茶,被后人尊为茶圣。

与现代的那些专家学者动辄著作等身相比,陆羽的那本薄薄的《茶经》只有七千多字,却被当时的人争相学习和珍藏,直到今天依然被奉为经典。这本现在充其量只能被视为小册子的书究竟写了什么?

全书三卷十章,第一卷分为三个小节,分别为源、具、造。

第一节为源,即茶的缘起,讲述中国茶的主要产地、茶生长的土壤和气候、茶的性能和功用等；第二节讲具，即制作、加工茶叶的工具；第三节为造，说的是茶的制作过程。

第二卷主要讲茶器。

第三卷共六个小节，分别讲了煮茶的过程和方法，以及唐朝茶叶的主要产地，还有一些图示。

《茶经》可谓世界首创的茶学方面的经典，陆羽在此书中不但总结了唐及前代的茶叶知识和经验，还搜集了田野调查得来的第一手资料。读者不但能从《茶经》中了解唐朝的各个茶区及茶叶生产状况，还可以认识许多以前不知道的新品名茶。

元·赵原《陆羽烹茶图》

2. 陆羽为何成了"茶圣"

因为这本专著，陆羽成了著名的茶学家，"茶仙""茶圣"的称号接踵而至，最终被人们奉为"茶神"。陆羽又号"茶山御史"。茶山二字不虚，但这个"御史"是自封的，不但没编制，就连散官也算不上，政府津贴自然一文也没有。

陆羽没当官，家境贫寒，还是一个被人收养长大的弃儿。按理来说,玩茶玩的是闲情逸致,在科举制度慢慢完善的中唐时期,陆羽这穷小子理应苦读诗书以博取功名,哪能一门心思放在既不能升官又不能发财的茶上呢?

是脑瓜子不够用,还是肚里无货? 当然都不是,一首《会稽东小山》便可见他的文学功力和素养:

月色寒潮入剡溪,青猿叫断绿林西。

昔人已逐东流去,空见年年江草齐。

陆羽也并不是没有当官的机会,当时的状元皇甫冉、世家出身的颜真卿是他的好朋友,名僧智积和尚是他的老师。凭借他们的推荐,他完全可以在太常寺好好做一个太祝(祭祀官)。

但陆羽毅然决然地放弃了官位,他的心头放不下那一缕茶香。

3. "茶圣"或许是自然选择

大凡在某个领域有所建树者,必定有一种执着的精神。陆羽的精神恐怕大多来源于因命运产生的信仰。

733年,刚出生的陆羽被遗弃在竟陵(今湖北天门市)龙盖寺外,智积和尚正巧路过将其捡回,托付给居住在附近的一位退出官场的儒士抚养。陆羽七八岁时,儒士年迈回了江南老家,陆羽不得不到龙盖寺栖身,从此便跟随智积学得一手烹茶技艺。离开寺庙后,陆羽经历了一段漂泊时光,很快又遇到了贵人——竟陵太守李齐物,被他推荐到火门山的隐士邹老夫子那里读书。

佛门教诲,山中苦读,命运悲喜交加的锤炼……让陆羽有了迥异常人的经历和积淀,但与茶结缘,来自学成下山后与崔国辅的相遇。

崔先生何许人?堂堂礼部郎中,后被贬为竟陵司马。陆羽与这位落魄官吏经常出游四方,走上了寻茶访水的不归路。

到了晚年,陆羽闭门撰写《茶经》,独来独往,过着神仙一般的日子。想来,陆羽虽未出家,实则早已放归深林,只将一腔自然的心性回报一方水土,回报养育他的芸芸众生。

第八张画

《调琴啜茗图》

第六节 七碗茶喝出真境界

177

1. 有钱有闲喝茶好

什么样的人适宜喝茶呢?陆羽认为,茶性寒,最适合"精行俭德之人",也就是端正节俭的人。不过,这多是他的一种理想状态,毕竟节俭的人是喝不了好茶的,特别现在的好茶更是千金难得。

其实唐代也是如此,一般老百姓既没闲钱又无闲暇,填饱肚皮尚且不容易,哪能随时烹茶呢。因此,唐朝饮茶者多集中在寺院和宫廷,而民间多以文人雅士为主。

不过,喝得起是一回事,会喝茶是另一回事。《封氏闻见记》里面记录了一些有趣的茶事。玄宗开元年间(713~741年),泰山灵岩寺兴起了茶道,是因为和尚们要彻夜学禅,需要饮茶提神。后来民间开始饮茶,只要花钱,就可以喝到来自江淮等地的好茶。

唐朝开始流行饮茶,特别王公贵族和当官的没事都喜欢来两杯。陆羽撰写《茶经》,并记载了24种茶具,人们纷纷仿效添置一笼茶器。御史大夫李季卿到江南视察,请茶艺大师常伯熊一起喝茶,观赏到常大师的高超茶艺。后来,他又叫陆羽前来煎茶。陆羽穿着破旧,煎茶手艺甚至还没有伯熊好看,李季卿大为鄙视,让下人拿出30文钱将陆羽打发了。

2. 高品位的文化消费

这位御史大夫简直有眼不识泰山,那常伯熊虽然也是茶艺大师,一招一式赏心悦目,但只是从前人习的茶道,断乎不能获得陆羽悟道到的茶之真谛。不过,陆羽因此羞愧不已,感觉在江湖上没法混了,回去后还专门写了一篇《毁茶论》。此文并没有流传下来,我疑心是有人为故意抬高常伯熊而杜撰的故事。就算是真的,陆羽也大可不必羞赧,毕竟常伯熊与李季卿在一个部门混饭吃,也是御史大夫,你和他比什么呢。

南宋学者李郢的《纬文琐语》有这样的说法:"……时有竹林逸士,木下樵夫,莲花歌者,清蓉之姝,皆海内名士也。"他认为陆羽(士)、常伯熊(樵)、谢杼山(莲)、李季兰(蓉)四人都是当时很有名气的茶人。

由此可见,茶道经由官方和民间推广,成了唐朝的一种高品位的文化消费。

3. 世外茶人皎然禅师

如果说常伯熊是茶学的推广者,皎然禅师则是陆羽的导师、益友和赞助者。

陆羽来到江南,结交了隐居在湖州杼山妙喜寺的皎然,两人保持了长达四十余年的友谊。陆羽吃住在妙喜寺,借助皎然结识了很多名人高士,后来也是借助皎然的帮助,才能吃穿不愁地闭门著述。

皎然原名谢清昼,祖上可以追溯到南朝的谢灵运,既是诗僧,又是著名茶人。他将茶与诗歌结合,开创了"茶诗"先河。在《饮茶歌诮崔石使君》中,他写出饮茶的真境界"……一饮涤昏寐……再饮清我神,……三饮便得道",也第一次提出了茶道的说法。

179

4. 卢仝的《七碗茶歌》

在唐代,与李白、杜甫并称"诗仙"与"诗圣"一样,也有与陆羽并称"茶仙"的卢仝。卢仝名气不太大,有时还得借爷爷卢照邻的名头。此人才气并不低于爷爷,却不愿做官,后来因甘露之变而死。

卢仝除精研诗文,还专注茶学,著有《茶谱》,留下了茶人必学的《七碗茶歌》。在他的笔下,茶是如此高贵:"珠蓓蕾""黄金芽","百草不敢先开花"。喝茶的境界更是美好——

一碗喉吻润,二碗破孤闷。

三碗搜枯肠，惟有文字五千卷。

四碗发轻汗，平生不平事，尽向毛孔散。

五碗肌骨清，六碗通仙灵。

七碗吃不得也，唯觉两腋习习清风生。

蓬莱山，在何处？ 玉川子乘此清风欲归去。

　　他毕竟生活在社会底层，只当了一阵精神上的神仙，不过还是记住了诗人的本分，没忘了为苍生黎民鼓与呼："安得知百万亿苍生命，堕在巅崖受辛苦。便为谏议问苍生，到头还得苏息否。"

　　这，恐怕才是真正的茶人需要抵达的茶道境界。

第九张画 《簪花仕女图》

《簪花仕女图》

背景介绍：

朝代：唐朝

绘者：周昉

规格：46 cm×180 cm

类别：绢本设色

此画是全世界范围内唯一认定的唐代仕女画传世孤本。除了唯一性之外，其作品的艺术价值也很高，是典型的唐代仕女画标本作品，是代表唐代现实主义风格的绘画作品。

此卷曾经为南宋内府收藏，元、明间流传无考，清初为梁清标、安岐收藏，后入清内府。1945年8月，日本宣布战败投降前，清逊帝溥仪逃跑时被苏联红军俘获，他所携带的此画由苏联红军查扣。几经辗转后，《簪花仕女图》现存于辽宁省博物馆，成为其镇馆之宝。

第一节　游宴聚会好开心

1. 安史之乱后的短暂复兴

不管哪个朝代,姐妹们的聚会是永远少不了的。从某种角度说,《簪花仕女图》就是一场大唐经历安史之乱后的女性高端时尚派对。

那时节,开元年间(713~741年)的繁华已经成为一场传说,从安史之乱中逃过一劫的大唐,终于在颠沛流离中缓过一口气来。就像古代的小康人家九死一生逃过灾难,能想到的第一件事是:清点收拾家业,重塑体面的形象。

大唐政府也是如此,从唐肃宗李亨亲任兵马大元帅收复长安的那一刻起,国民依稀看见了太宗皇帝的文治武功;代宗李豫顺势而为,改革漕运、物价等,实施"以养民为先"的财政方针;至于唐德宗李适,正如前面所说,前期清明节俭,在税制上推行革命性的"两税法"积累了不少财富。

贞元年间(785~805年),国家刚刚出现中兴气象,这李适也不想再锦衣夜行,忍不住要炫耀一番了。

2. 炫富式的游宴

正如那位擅长七言绝句的诗人、宰相之孙杜牧所写："至于贞元末，风流恣绮靡。艰极泰循来，元和圣天子。"贞元的年岁确如芝麻开花节节高，各种喜事接连不断。

短短十年里，韦皋大破吐蕃，搞定了唐朝数十年的忧患；国家经济快速发展，国库充盈，各地节度使捞得盆满钵满，百姓的荷包里也有了些钱。贞元十九年（803年），在四川乐山，一座全球最大的超级工程——乐山大佛，历时约九十年终于建成。重启大佛工程的最大金主就是那位剑南西川节度使韦皋。

当时，以长安、洛阳为首的地方复兴了一个文雅的活动——游宴。

183

最著名也是最早的游宴为曲江游宴，又叫曲江会，源于唐中宗神龙元年（705年），为新科进士在曲江亭接受皇帝所赐的宴席。开宴时"行市罗列，长安几于半空"，宴会结束后是丰富多彩的民间游艺活动。由于参加者是新科进士，每次曲江游宴也是达官贵人为女儿相亲的机会。后来，曲江宴移往别处，渐渐演变为野外聚宴。各种宴会自然也就不仅限于进士，而是迅速扩展到社会各个阶层。每当中和、上巳和重阳"三令"时节，各地都有官方倡导的盛大的游宴。上行下效，各种游宴也就成了民间俊男靓女的聚集之地，成为古代版的大型相亲见面会。

3.带头炫富的目的

朝廷花费逐渐走向奢侈靡费，这对老百姓倒起了安慰作用——城里的人都有心情打扮自己，搞时尚秀了，证明政府的根基很稳，我们大唐依旧是天朝第一大国，贞观、开元的繁华会再度复苏。

朝廷确立了"炫富"的社会风向标，贵族们首先行动起来，纷纷开始了以"响应政府号召"为主题的各种时尚大聚会。我们的这场姐妹聚会也就开始了，在这样一个盛唐盛世的回光返照里，在上下一心的"文治"复兴中，此时的大唐倒是展现出了如日落黄昏前最绚烂的彩霞一样绮丽的底色，为《簪花仕女图》里的世界拉开了序幕。

184

第二节　洛阳牡丹的体面

1.牡丹在唐朝走向繁盛

直至如今，洛阳的千家万户依旧喜欢牡丹。一年一季的牡丹花会，姚黄魏紫争奇斗艳，几乎每一户洛阳人都有一幅牡丹图。而在唐朝，牡丹更是让这座美丽的城市繁花似锦，从此洛阳有了

"千年帝都，牡丹花城"的美誉。

《簪花仕女图》里，右起第一位贵妇头上插了一支牡丹花，第四位侍女的长柄团扇上，也很自然地出现了尽情绽放的牡丹。

牡丹为多年生落叶小灌木，野生的仅为单瓣品种，在北齐时首次作为观赏植物开始人工栽培。按照李时珍的说法，牡丹能根上生苗，无性繁殖而称"牡"，花红为"丹"。不过，经过一千多年的人工培育，牡丹有红、白、粉、黄、紫、蓝、绿、黑及复色九大色系、十种花型、一千多个品种。

《簪花仕女图》(局部)

牡丹一跃成为"国色天香"，得益于隋炀帝修建方圆两百里的人工园林时，从河北易县移栽了20箱名花，开启了洛阳牡丹的富贵旅程。

或许"花朵硕大，花色奇绝"与这个王朝的风格相似，牡丹在唐朝开元年间(713~741年)走向繁盛。唐玄宗诏令洛阳的园艺师宋单父，在后花园骊山种下一万多株各色牡丹。有了帝王的关照,这人间奇葩自然开得非同凡响。"云想衣裳花想容,春风拂槛露华浓。"在诗仙李白笔下,富丽多姿的牡丹是用来衬托杨贵妃的美丽的。皇帝嗜好,贵族推崇,百姓效仿,于是长安城出现"帝城春欲暮,喧喧车马度;共道牡丹时,相随买花去"的赏花、买花盛况。

2. 牡丹是洛阳的好

中国有四大牡丹产地,即使唐朝皇帝格外关照的长安牡丹,也依然不如洛阳牡丹。"洛阳地脉花最宜,牡丹尤为天下奇。"这是著名诗人欧阳修最公允的评价。

首先,洛阳能成为十三朝古都、八朝陪都,自然有其独特的天时地利。其次,"种植好牡丹,必取洛阳土"。除了黄河、洛河、伊河等众多河流带来肥沃而富有黏性的土质而外,洛阳四季分明,稍显干旱,特别适合牡丹生长。看来,欧阳先生特意提到"地脉"这个风水学名词,实则有其科学道理。

历代帝王权贵的偏爱和文人雅士的歌咏,给洛阳牡丹的成长营造了优越的人文环境。在唐朝,洛阳是长安的陪都(东都),武则天更迁都于此,许多权贵特别是王公贵族在此安居,悠闲的生活少不了花儿装扮。洛阳出现了不少种植牡丹的大师,将牡丹种植技术提升到了空前水准。前文提到被玄宗召去的宋单父算一个,他能种出红白相间的变异牡丹。大师们以自己的姓氏、产地或形态给这些牡丹取了好听的名字,魏紫、姚黄、丹州红、绣球、九蕊珠等,不看花只听名也够享受的了。

3. 牡丹是王朝的体面

牡丹出现在唐朝的诗词歌赋里,也进入了唐朝的绘画作品。段成式的《酉阳杂俎》和苏鹗的《杜阳杂编》分别写过:兴唐寺的一窝牡丹,开出了1200多朵花,有红、紫、白等多种颜色,花面有七八寸。另一株千叶牡丹则生长在皇宫,花香扑鼻,一朵花有成百上千的花瓣。

牡丹花好看,但种花是耗时耗力的活儿,唐朝牡丹的繁盛,侧面说明这个朝代经济的繁荣和文化的兴盛。在纵马驰骋、挥刀舞剑之外,这个王朝的富丽浓艳可以在"花中之王"的体与面上完美展现。

187

第三节　花园的轻奢风

1. 热闹的花事

再来看看周昉的这幅画,图中五位女子的头上分别插了牡丹、海棠、芙蓉、红色团花和芍药等,再加园子里的辛夷、服饰上的花饰,构成了花团锦簇的富丽画卷。刘禹锡在夸赞牡丹之前,也忍不住夸一夸别的花:"庭前芍药妖无格,池上芙蕖净少情。"可见唐代的花卉事业已经十分发达,花卉品种相当丰富。

唐朝初期战争不断,百废待兴,各位皇帝哪有心思赏花,爱花之风始于玄宗。他带领国家开创了"开元盛世",拥有了爱花赏花的资本。观赏名花,首推的是牡丹,他经常带杨贵妃欣赏;芍药也颇得厚爱,古书记载他曾赏赐杨贵妃很多木芍药。

帝王如此,国民也该享受享受了。有了老百姓的参与,唐朝的花事格外热闹。成都兴起了花市,日子在农历二月十二前后,出现了"西蜀海棠,甲于天下"的胜景。京城长安及大城市除了花市、花展,还出现了"斗花"的风气——仕女们将花戴插在头上,谁的花越珍奇谁赢。周昉笔下簪花的仕女,是不是也参加了斗花呢?

2. 品种丰富的花卉

要在斗花中胜出,无疑需要经济实力,一般老百姓可以跟着起一下哄,栽种一些常见的花卉美化环境、提高生活品质,这是花不了几个钱的。比如,杜甫笔下写过"黄四娘家花满蹊,千朵万朵压枝低",虽然黄四娘可能是杜撰出来的人物,但有理由相信成都的浣花溪畔有"花满蹊"的场景。

唐朝人都种些什么花儿呢?

牡丹自不必说了,北宋大儒周敦颐就说,"自李唐来,世人甚爱牡丹"。其次要数芍药,芍药是牡丹的近亲,也是嫁接牡丹的最好母本,栽培历史可以追溯到春秋时期。此外还有桃花,粉红艳丽,也是唐人追捧的花卉,由于魏晋诗人陶渊明对菊花气节的推崇,菊花在唐朝也很受欢迎。"待到秋来九月八,我花开后百花杀。"谁曾想，这位黄巢在霸气地写完《不第后赋菊》后，举起了埋葬唐王朝的义旗。唐人的花园里还有江南移植的杜鹃、荷花以及山茶、兰花、蔷薇等。

3. 繁盛背后的隐忧

作为帝王，倡议百姓种花养花丰富生活没错，但万事都应该把握好一个度。唐玄宗和后来的宋徽宗一样，都玩得太过了，玩掉了江山。

几代帝王为唐朝的繁荣奠定了坚实的基础，玄宗本人也很努力，才有了"开元盛世"的局面。农民休养生息获得发展，生产出大量的粮食，有多余的土地和劳动力用于花卉种植，城市的兴盛繁荣也为花卉提供了市场。但物极必反，中唐至晚唐，豪门新贵竞相攀比，搞坏了社会风气。这些不劳而获的贵族，推动了花卉业的发展，同时也助长了奢靡之风。

在暮色苍茫的晚唐，白居易来到车马喧闹的花市，眼前的牡丹花确实漂亮啊，"灼灼百朵红，戋戋五束素"。不过，"一丛深色花，十户中人赋"，那"偶来买花处"的田舍翁，只得"低头独长叹"。

晚唐百姓赋税本就不低，一丛花需要十户中等人家的赋税，非但那位农民伯伯要摇头叹气，恐怕就连白居易这样的普通官僚也消费不起。奢靡之风笼罩这个社会，"家家习为俗，人人迷不悟"，外强中干的唐王朝很快就一天天地衰败下去。

第四节　宠物是仙鹤、狮子狗

1. 听话的狮子狗

　　《酉阳杂俎》里有一个有趣的故事，唐玄宗与某位亲王下棋，杨贵妃抱着狮子狗观战，眼看皇帝就要输了，那只狮子狗突然跳上桌来，将棋局搅乱了。这狗简直太通人性了。

　　无独有偶，《簪花仕女图》里也有这样两只憨态可掬、招人喜爱的狮子狗，它们身上还系了红色的蝴蝶结。其中一只在妇人的逗弄下，向左边奔跑；另一只狗迎合妇人纬穗的逗引，张嘴摆尾，跃跃欲试。爱狗人都知道，狮子狗又叫京巴犬、北京犬，本以为是现代杂交犬种，没想到它在唐朝已出现，据说还有外国血统。

190

　　狮子狗本来有宫廷的冠名，那是因为传说有降妖除魔的本领，成为皇族的专宠，不允许民间私自豢养。唐朝也是如此，狮子狗一直生活在宫廷，备受皇亲国戚宠爱，具有纯正高贵的血统。

　　狮子狗在唐朝叫猧子，来自遥远的康国（今中亚撒马尔罕）。在高祖武德七年（624年），高昌国向唐朝上贡了一对狮子狗，这小家伙"性甚慧，能摇曳马衔烛"，难怪被宫廷专宠。史书上有武则天养狮子狗的记载，有一尊洛阳出土的唐三彩狮子狗，不知是不是武皇的爱物。

藏在十二张古画里的大唐

《簪花仕女图》(局部)

2. 鹤也是宠物

画的左边,还有一只仙鹤。它一只脚扬起,微微展翅,似乎在与狮子狗争宠。在宫廷待久了,鹤已经变得世俗了,失去了本来的矜持和仙风道骨。

早在春秋时期,仙鹤的鸣叫早已响彻《诗经》——"鹤鸣于九皋,声闻于天"。《左传》记载,春秋时代的卫懿公,为鹤修建了专门的宫殿,配备了专门的马车,惹得手下的士兵大为不满。可见自古至今,养宠物都必须有个分寸。

道教发源于四川鹤鸣山,自然与鹤有某种关系。传说张天师及许多道教高人都驾鹤登仙,鹤也就带了几分仙气,被称为仙鹤。在唐朝,不光是朝廷,就连民间也颇为爱鹤。李白、杜甫、白居易等都留下了关于仙鹤的著名诗篇。出身名门的将军、诗人高骈,为追求驾鹤登仙,居然在院子里弄了一只木头仙鹤,每天上去坐一坐,还不忘用烟雾营造出神仙境界,倒也可爱。

191

3. 唐朝的养宠之风

唐朝盛行养宠物,除了犬、鹤之外,养得较多的是马。名驹宝马是身份的象征,唐玄宗的马厩里就有很多天下名马。唐太宗和武则天都喜欢鹦鹉,部分达官显贵便以养鹦鹉为荣。想不到,大笨鹅也是唐人的宠物,骆宾王一首《咏鹅》流传千古。

宠物自然以珍奇为贵,普通百姓当然不容易得到,但宫廷有办法获得天下奇珍。各地州县每年都会"岁贡",除了钱,还有土特产,诸如鹦鹉、孔雀、鹰、犬马之类应有尽有,至于大笨鹅就不必送来了。为了讨皇帝或权贵高兴,地方长官和节度使会私下里送礼行贿,古玩字画可以,珍禽异兽更好。唐玄宗甚至

设立专门机构"五坊",为皇家供养各种飞禽走兽。安禄山这家伙便投其所好,每月都送上驼马和鹰犬,差点以低成本换回一个大唐的江山。

宫廷对新奇宠物的追求,促使唐朝将目光转移到周边国家。唐人倒不是崇洋媚外,只图个稀奇新鲜。于是周边国家和少数民族将宝马、鹦鹉、孔雀、鸵鸟、白鹰、狮子狗,甚至狮子、大象、犀牛这些猛兽和大型动物送往长安,致使许多洋玩意儿源源不断地进入国门。

第五节　侍女也要专业

1. 画里的侍女

各种仕女画里,侍女不可或缺,只是她们的形象与其身份地位一样,比主子渺小卑微得多。

《簪花仕女图》里,那位侍女手执长柄团扇,头上梳着简单的髻,白色纱带将身上的襦裙在腰间系紧,脚蹬一双白色软底鞋,与那几位穿着宽松绫罗衣服、佩戴首饰鲜花的丰腴贵妇有明显的区别——侍女穿着朴素,是要经常劳动的。《调琴啜茗图》里端茶盘和捧茶碗的两位侍女的服饰则更明显,衣服简朴,腰部让布带裹紧,显然是为了便于劳作走动。就这两幅图来看,执扇的侍女,纵使主人嬉戏游玩,也依然保持身体微微倾斜,低眉顺眼;奉茶的侍女双手捧茶盘(茶杯),神情专注,小心翼翼,都时刻等待着主人发号施令。

看起来,她们都经过专门训练。

193

2. 侍女也要有技术

今天,似乎所有的家庭帮工都被称为保姆。宋代的帮佣,"有所谓身边人、本事人、供过人、针线人、堂前人、杂剧人、拆洗人、琴童、棋童、厨娘"等区分，门类如此齐全，则需要"随其姿质教以艺业，用备士大夫采拾娱侍"，即按照一个人的资质传授技艺，普通人要通过学习才能被当官的雇佣。

在宋代，帮佣是一种职业。在唐朝，官私奴婢是"贱户"的一个谋生手段，也需要学习、掌握专门的技术。

无论官私奴婢，"有技艺"的都会按照情况分配到各个部门服役，比如会女红的妇人会安排到"掖庭"（紧挨皇宫的奴婢住所），啥也不会的就交给司农寺（农场）。在私人家，有手艺的奴婢也会干各种手工业，而不必只卖力气。力气大、有武功的也不错，可以当兵打仗，替主子卖命，说不定哪天就出人头地了。

《调琴啜茗图》的侍女

此外,有不少私人奴婢充当主人的仆役和随从。权贵或读书人是不屑做劳务的,仕女们当然更不会劳动,便需要"家僮"或"童奴"帮助打理生活,保护安全。这些童仆或侍女,更需要学习各种技能,比如煎茶斟酒、铺纸磨墨、饮马喂鸟等。

3. 侍女的地位卑贱

前面讲过,唐朝法律规定,奴婢是贱户,地位等同于牛马畜生——"奴婢贱人,律比畜产",可以作为货物买卖和转赠,并且终生为奴,子孙世袭,完全失去人身自由和权利。相对于贱户的是"良人",包括处于统治地位的皇室贵族和各级官吏、僧道,以及一般平民百姓。

唐朝奴婢的来源决定了他们的地位。第一大来源是战时俘获的人口、籍没的罪犯家属,都是戴罪之人,当奴婢是理所应当。还有就是以身抵债的人。

社会地位如此,受到的待遇也自然不公平了。比如《唐律》规定,奴婢杀主是"十恶"之"大逆",永远得不到赦免;奴婢殴打良人,罪加一等。反之,主子杀死奴婢,只会被流放一年,而过失杀死奴婢则可以免于处罚。

因此,画作里衣着光鲜的侍女,命运其实是非常悲惨的。

第六节　妆容的"小红书"

1. 素颜无脸见人

周昉不是化妆师,但一定懂得妆容术,不然他怎么在《簪花仕女图》上留下了一本唐朝女子化妆的"小红书"? 说法也许有些夸张,但各位请将那些美女一个个仔细瞧来。

画面右端的那位,她梳着与丰肥体态相称的硕大发髻,一朵怒放的牡丹插在脑后,平添几许富贵气象;额上佩戴玉步摇,粒粒珍珠似在微微颤动。女子特意将髻发和短鬓分批在额前、耳边,更显青春亮丽。她面颊丰满,施了白色的粉底,扑上淡淡的腮红;两弯黑色眉毛蝶翅一般歇在额上,眉间一粒金色花钿;嘴唇上的口红略显夸张,更突出性感的樱桃小口。

其他四位贵妇的妆容与这位差不多,都精心打扮修饰,显得富贵、雍容、妩媚。她们生活在盛唐的贵族家里,不会像温庭筠笔下的妇人"梳洗罢,独倚望江楼",而是成群结伴,遛狗、戏蝶、赏花,尽情展现女性魅力。

2. 白底红粉

俗话说,永远不要与女人讨论时间。想必这几位贵族妇人出门前磨蹭了好一阵,忙坏了手脚麻利的侍女。为什么呢?因为唐朝女子化妆必须经历一个烦琐的过程。

首先敷粉打底。粉是醋化变白的铅粉和精心制作的米粉。淡妆粉薄,浓妆粉厚。唐代女人大多化浓妆,有钱人家不惜脂粉,随意在脸上涂抹,一直搞到"六宫粉黛无颜色"。

有了白色的"底板",接下来开始抹胭脂。所谓"倚红偎翠""红颜薄命"里的红,就是涂抹了胭脂的女子。胭脂又叫腮红,商周时代的中国女子就以朱砂涂抹双腮。后来,西域传来胭脂,中原人改良后用来涂抹腮部或眉眼,淡的为桃花妆,浓的为酒晕妆。

唐朝女子钟爱胭脂,给人以娇羞、以媚态、以激情,再多也不够,这也许就是所谓的大唐风尚。

接下来该动眉毛了。眉目传情,眉毛与眼睛同样重要,一字眉、蛾眉、八字眉,都可以,《簪花仕女图》里是"桂叶眉",唐代女子似乎更喜欢柳叶眉和

197

《簪花仕女图》(局部)

弯月眉。

玄宗皇帝为天下女人操碎了心，避难四川时不忘让画工制作《十眉图》，以此作为女子化妆的样板。这不是笔者乱说，而是唐朝人张泌写在《妆楼记》里的。

3. 脸上的花样

做完这些，女人开始考虑脸上的花样了。

从《簪花仕女图》上仔细看，几乎每位贵妇的眉间都扑了黄粉，印堂处贴一枚金属亮片，这个叫花黄，即《木兰辞》"当窗理云鬓，对镜贴花黄"中所描述的。不只南北朝，秦代女子就开始贴了。到唐朝，女人已经不满足额上贴一个小圆点，还从额间扩展到额部、面颊，样式也出现花朵或抽象图案，材质更是多种多样。

装饰完额头，有的女子还会在酒窝处画上花纹，叫点面靥。凭空多了两个小酒窝，是不是格外可爱呢。

性感的嘴唇别落下，唐朝有20多种唇形，多往樱桃小嘴上靠，都为迎合男人的目光。她们从来不吝啬红色，实在没地方了，便在鬓角到颧骨之间涂一道红色，美其名曰"描斜红"，月牙、伤痕、卷云、啥样都可以，刚亮相便让人想起唐朝。

脸上搞定了，女子还在磨蹭，头发还没弄呢。《簪花仕女图》上堆云般的大发髻，不花点工夫和技术是断乎不能完成的。除了这种高髻，唐朝女子也梳低髻和垂髻，还会变换不同样式。梳好头发，就该搭配配饰了，汉朝美女罗敷"头上倭堕髻，耳中明月珠"，她们则插上大朵的牡丹花或芍药，在鲜花的映衬下，更显雍容华贵。

第七节 舞袖低回真蛱蝶

1. 小型时装发布会

《簪花仕女图》上只有6位女人,却衮衣绣裳、衣香鬓影,仿佛一场小型的时装发布会。唐朝丝织业发达,女人没两套好衣服,能称得上仕女?

画面左起第一位穿着大红带团花的长裙,外披浅紫色纱衫,紫纱上有菱形暗纹,肩上搭一条白底帔子,上面有云鹤花纹装饰。

第二位着一件大红披风,肩上搭着帔子,外套紫色的纱衣,里面穿着紫色团花长裙。

第三位身上是一件白花格子纱衫,穿一条红色束胸斜格花纹长裙,帔子是紫色的,上面有花草纹样。

第四位是侍女,画家将团扇作为重点,她的形象小且穿着朴素,生怕抢了主子们的风头。不过,贵族家的丫头也不能穿得太差,大红

《簪花仕女图》(局部)

的长裙外套红色花纹的纱衫,衬裙是彩色的,一根白色带花的布带系在腹间。

第五位身上的纱衫带有灰色菱形纹样,红底大团花的抹胸长裙,大红裙上点缀紫绿色的团花,紫色的帔子上隐隐有风云纹。

最后一位,身上披一件紫色纱罩衫,质地轻薄,依稀有某种暗纹。里面是红色的曳地长裙,长裙里还有带花纹的丝绸衬裙。

2. 贵族女装流行款式

"模特"都闪亮登场了,对这次"时装发布会"做一个小结吧。所有服装都一个款式——人物里面穿抹胸曳地的长裙,披大袖纱罗衫,除侍女而外都有帔子,所有衣裙面料高档,以红色为主调,外加各式花纹。纱衣长裙加戴花的发髻,是唐朝仕女参加活动的典型盛装礼服。

这种抹胸长裙叫齐胸襦裙,它的裙带系在腰线以上,可以在胸下,甚至胸线上方。这样的服装可以凸显丰腴的胸部,无疑迎合了唐朝人的审美取向。

仕女身上的女式大袖衫,是衣袖特别宽大的礼服,在中衣外面,或披或系。它与影视作品里秦汉士大夫身上的宽袍大袖相仿,但衣袖尺寸更大,与女人柔美的体态结合,更有一种飘逸洒脱。

有一种说法,唐朝因为抵制北方少数民族文化,所以兴起这种宽大服饰。笔者觉得,行政命令可以暂时改变服饰,却无法左右流行风尚。长裙拖地、"粉胸半掩",纱衣飘飘等装束,可以让丰满的女子增添风流妩媚,有条件的宫女和贵族妇女自然乐此不疲,从而带动了唐朝的服装时尚。

3. 穷人家的女孩子穿什么

至于寻常人家的妇女,为了方便劳作,除了衫、裙、帔子之外,还会穿裤。她们常见的穿着是襦裙装,即上身穿短襦或衫,下身着长裙,加半臂,有时会在肩上加一条披帛作为装饰。

半臂又叫半袖,由襦变化而来,为无领式对襟短款小外衣,门襟有时装饰小带子,可以系扎在一起,袖长至肘部,身长至腰处。半臂的领口较大,多穿在衫襦之外。单层的是衫,双层为襦(短衣),里面填充棉絮或芦花,就成了短袄。披帛又叫画帛,为长条形的巾子,披在肩上,背部稍下落,再将其缠绕在手臂间,材料多是纱罗制成,上面印有花纹,或是金银线制成的图案。

《簪花仕女图》上侍女的长衫花色较为素淡,普通百姓家的女子更多着素色裙,很多根本就不染色;裙摆比较紧窄,方便劳作行动。劳动妇女也会穿裙,但一般套在襦上,穿着保守得多,不会像仕女那样袒胸露乳,比如《捣练图》里的女子都忙着干活,自然是怎么方便怎么来了。

第八节　女人也能立地顶天

1. 唐朝那些女人

　　说到唐朝的女人，不少人会冠以"幸福、开放、地位高"等字眼，因为唐朝出了一位"前无古人后无来者"的女皇武则天，她也取得了"志宏贞观，政启开元"的突出政绩。此外还有李渊之女平阳公主，她率军镇守城关，飒爽英姿，而她曾经镇守的城关被后人命名为娘子关。唐朝著名的女性还有太宗皇帝的贤内助长孙皇后、差点当上女皇的韦皇后、多次改嫁并梦想成为女皇的安乐公主、一代才女上官婉儿、发动神龙政变的太平公主、武则天的侄女武惠妃、大名鼎鼎的杨贵妃，还有以文成公主、金城公主为代表的和亲女子，以及民间才女薛涛等诸多女性。

武则天画像

　　的确，在理学尚未影响社会生活、儒释道能够并举的唐代，加在女人身上的伦理束缚相对较少，女人可以相对自由一些。但唐朝毕竟是男人的天下，孔孟之道已经大行一千多年，"独尊儒术"也执行了七百余年。

　　唐朝女子的日子，并没有你想象得那么美好。

2. 武则天其人

我们还是先从女皇以及唐朝帝王身边这些女人说起。

武则天确实了不起，政治手腕超乎想象，文学造诣也好生了得——《全唐诗》里就收了她的46首诗歌。不过，她的上位依然离不开身后的男人。

第一个男人是父亲武士彟，给起兵反隋的李渊资助了不少钱粮衣物，让武家由庶族一举成为士族。不然，就算武则天美过天仙，也不会被太宗选进皇宫。另外，如果不是李渊允许皇子可以自由出入后宫，时为太宗嫔妃的武则天也不可能与太子李治对上眼。

在她一步步接近大唐权力中枢的道路上，元老长孙无忌、褚遂良与宰相韩瑗等人设置重重障碍，而高宗李治之所以"废王（皇后）立武"，也是为了利用武则天摆脱元老及权臣，亦即关陇集团的控制而重振皇权。

这场君臣之争李治取得全面胜利，风光两百多年的关陇集团逐渐衰落。武皇后能够掌握朝廷大权，是因为李治自己的身体不争气，在显庆五年（660年）发了风疾，无法处理朝政。那以后，深受高宗李治信任的武皇后垂帘听政，逐步在大唐王朝打上武氏的烙印。永淳二年（683年），李治驾崩，武则天成为皇太后，名正言顺地指导儿子唐中宗的政务。

唐中宗登上皇帝宝座仅50多天即因其言论惹怒武则天而被废，废掉中宗之后，武则天立四儿子李旦为睿宗，正准备在神都临朝称制，却因徐敬业（也就是李绩之孙）举兵反对不得不暂时作罢。她依然在努力，为了使自己上位统治合法，甚至借助传说把自己说成弥勒佛下凡。然而，她每前进一步都如履薄冰，因为以李氏王朝为代表的强大男权一刻也没有消停过。

武则天最终当上皇帝，在位时平定叛乱、稳定边疆、发展科举、轻徭薄赋……其文治武功实在不亚于太宗皇帝，但最终架不住宰辅狄仁杰等人的劝说和咄咄逼人的李唐势力，不得不将皇位归还李家。

今天，人们记得更多的不是武皇振兴大唐的功绩，而津津乐道于"乱伦""酷吏""面首"等野史。看来，千余年过去，男权的阴影依然没有消失。

3. 女人的命运

204

至于其他女人，命运更未掌握在自己手里，大唐的贵妇和淑女们大多固守在重重庭院和闺阁中，即使有鲜花、古琴、香茗为伴，也无法挣脱命运的羁绊。远嫁高原大漠的公主们停留在史书的粉饰之中，唯独那位协助父亲李渊起兵，统帅"娘子军"镇守苇泽关（后因此改名娘子关）的平阳公主去世后，得到军礼安葬的礼遇，但她的事迹连史书都没有过多记载。

长孙皇后、韦皇后不过是关陇集团的一分子，一荣俱荣，一毁俱毁。武惠妃、杨贵妃更是政治斗争的牺牲品，至于安乐公主、上官婉儿、太平公主等，每一位背后都是一个男人的世界。

这些才貌俱优的女人确实活出了华美的篇章，但都只是大唐脸面上的一丝斜红，鲜艳却带着隐隐血痕，不留神就被忽略了，而我们记得住的依然是伟大的太宗李世民、才情丰富的玄宗李隆基。

第十张画 《捣练图》

《捣练图》

背景介绍：

朝代：唐朝

绘者：张萱

规格：37 cm×145.3 cm

类别：绢本设色

此图是中国古代仕女画的重要代表作,描绘了唐代城市妇女在捣练、理线、熨平、缝制劳动过程时的情景。

现存《捣练图》为宋徽宗摹本,于1912年由美国波士顿美术馆从北京一位贵族手上购买,1912年8月正式入藏美国波士顿美术馆。

第一节 "铁线""游丝"描绮罗

《捣练图》(局部)

1. 张萱的线条

　　与同时代的周昉相比,张萱的身世还要可怜,竟没有一部史书记载过他的生卒年,而且他的作品一件原作也没留下来,多亏了宋徽宗,小心描摹了《虢国夫人游春图》《捣练图》等。但这并不妨碍他成为唐代的一位伟大画家,因为,能让徽宗赵构学习临摹的画定然是顶级作品。

　　张萱擅长人物和鞍马,人物又以仕女和婴儿见长。他的画有个特点,喜欢用红色颜料晕染女人的耳根。这是画家的特殊癖好,还是带有某种神秘的暗示,我们不得而知。《捣练图》画的是劳动妇女,耳根没有染红,而表现劳动妇女,正是张萱这幅画的价值所在。

画为绢本彩绘,表现的人物一个个依然"丰颊肥体",却丝毫不影响"细劲圆浑、刚柔相济"的墨线运用。作者笔法既有飘逸飞扬的铁线描,也有细密灵动的游丝描,准确地再现了平民女子的体貌和内心世界。

2. 白描技法知多少

"铁线""游丝",皆为中国画的传统白描技法。明朝的汪珂玉当了多年盐官,捞了不少财物,便大量搜罗名贵字画,撰写绘画著作《珊瑚网》,他对古代白描技法总结出"十八描说"。

这分得太细了,所有描法其实可以归纳为三类:其一,铁线描,线条无粗细变化;其二,兰叶描,线条有粗细变化;其三,减笔描,笔线简化而快捷。按照汪先生的进一步细分,铁线描可分为游丝描、琴弦描、铁线描、行云流水描、曹衣出水描等,曹衣出水描与铁线描相似,游丝描则可以看成铁线描的发展和演变。

铁线描以东晋画家顾恺之为代表,在他的《女史箴图》《洛神赋图》里都可以看出那种高古简朴的用笔风格。在此基础上,唐初的阎立本有所发展,比如《历代帝王像》中绘就衣袂飞扬的笔法。为了更好表现衣纹的曲折向背,稍晚的吴道子发展出了兰叶描——用笔力道不均匀,从而产生粗细不同、状如兰叶的线条。《送子天王图》里可以看见兰叶描笔法。

207

3. 从"铁线"到"游丝"

铁线描一般采用中锋圆劲之笔,笔力劲道,起笔转笔略有回顿方折,像铁丝弯曲一般,主要用于表现硬质物品。隋末唐初,画家的题材更多的是佛道的神仙造像,铁线描笔法大行其道,可以更好地表现"飘飘欲仙、临风飞舞"的仙道神韵。

随着画家逐步走入生活,像鞍马、仕女、儿童,特别像《捣练图》这种劳动生活场景,人物形象更为写实,神态更为生动,动作细节更为丰富,笔力变化较少的铁线描已经无法胜任,游丝描就应运而生。

从张萱的人物画上我们可以看到,游丝描用尖圆匀齐的中锋笔尖绘就,起笔收笔自如,笔法细密绵长,具有一定的流动性,像春蚕吐丝一样连绵不绝。与铁线描相比,其更为圆润、舒展,可以更好地表现女性形象和人物的动作细节。

第二节 一匹练是怎么捣成的?

1. 何为绫罗绸缎?

《捣练图》表现唐朝妇女捣练缝衣的工作场面。练是一种什么东西呢? 带着这个问题,我们先看看中国古代都有哪些丝织品。

中国古代丝绸纺织历史悠久,品类繁多,特别到了唐代,丝织品出现绢、纱、绮、绫、罗、锦、缎、缂丝等多种分类,普通人管不了那么多,通称绫罗绸缎了事。

绢是最简单的平纹(经纬线一上一下)织物,出现得最早。古人绘画、写字的绢本,制作风筝和团扇的材料就是它。纱是丝线特别细、密度低的绢,上一章我们提到的《簪花仕女图》里的纱薄如蝉翼,可以临风飘动。在绢上面织一些斜纹,所谓暗花就是绮。唐代绮的纹样趋于写实,可以参见《簪花仕女图》。

绫,一般指斜纹织物,有素色绫、暗花绫、妆花绫之分。唐代的绫多是官服的指定面料,现今多用来装裱书画。

罗,是采用绞经组织,使经线形成明显绞转的织物。罗可以很轻薄,适合夏衣。唐代,四川出现有名的单丝罗,后来称为纱。

锦,是用彩色丝线织成花样的丝织物。唐代已经有蜀锦,宋锦、云锦,都是后来才有的。

缎,缎纹丝织物,有素缎、暗花缎、妆花缎之分。因为最光亮顺滑,又很容易勾丝,人们以为缎很珍贵,其实最贵的是"缂丝"。

缂丝,一种"通经断纬"的织物。纬线不能一梭到底,非常耗时耗力,因此珍贵,有"一寸缂丝一寸金"的说法。

古代织锦图案

此外,还有在丝线的粗细上出现变化(加捻),让织物起"皱"的绉等。双根并丝纺织成粗厚的縑,织后煮练定形,又叫绉纹的縠。

至于绸、帛,都是丝织品的通称。

2.捣练就是捣洗

说了半天，还没说到"捣练"。再等等，先看看丝，也就是蚕丝。蚕做成茧，缫之后得到生丝。生丝外层有胶质，硬而不易着色，需要反复捶打、漂洗，这个用复杂工序提纯丝帛半成品的过程就叫作"捣练"。

捣练包括前面一个环节，即湅，把生丝煮熟以除去丝胶，接下来还得通过沸煮、漂白，再用杵捣，最终得到柔软洁白的练（熟丝）。

李白的《子夜吴歌·秋歌》里有诗句"长安一片月，万户捣衣声"。这里的"捣衣"，说的不是洗衣服，唐人再忙也不至于都在夜里洗衣服，而是将布帛放置在石头上，用杵捣平捣软。

210

3.《捣练图》中的女工

有了练，才能丝织。《捣练图》上共有12人，分别从事捣练、织线、熨烫三道工序。

第一道工序就是捣练，4名身强力壮的妇女，手执两头粗中间细的木杵，两位歇着，两位正用力捣平铺在石头上的练。

第二道工序是织线，一位妇女坐在地毯上专心理线，应该是在为接下来的纺织做准备，一人坐在凳子上缝纫。

第三道工序是熨烫，两位妇女费力拉伸已经织好的整匹绢帛，一位妇女用熨斗小心熨烫，一位站在对面打下手，还有一位小女孩在绢帛下面嬉戏，为劳动场景平添了不少情趣。

画上的妇女穿着简朴素色的襦裙，发髻比《簪花仕女图》上的妇女小得多，只以梳子作为简单的头饰，并且无一人簪花穿纱，应该是贵族家庭的手工业者。所谓"遍身罗绮者，不是养蚕人"，唐和宋，乃至历朝历代概莫能外。

《捣练图》（局部）

211

第三节　身份各异的唐朝工匠

1. 工部和三监

唐朝手工业的发达程度虽然比不上宋代，但已经建立起完备的管理体系，拥有各级管理部门、繁多的门类和数量庞大的工匠群体。

唐沿用隋的"三省六部制"，工部是官府手工业的决策机构，"掌天下百工……之政令"，具体管理部门则是"五监"中的少府监、将作监和军器监等。

　　唐将隋朝太府监的业务划给太府寺,贞观元年(627年)重新成立,设监和少监(副职),主管"百工技巧"之政,即对手工行业实施行政管理;也是朝廷在京城的直辖手工业部门,有工匠近1.5万人,下设中尚、左尚、右尚、织染、掌冶五个署,有诸冶监、诸铸钱监、互市监三监。

　　将作监的级别较高,拥有工匠上万名,主管宫室建筑修缮,金玉珠翠、犀象宝贝和精美器皿的制作,包括纱罗缎匹的刺绣、各种器具的打造。画家阎立本就担任过将作少监,级别为从四品下。

　　军器监在北周时从少府监独立出来,专门生产武器和军用器械,严禁民间私藏和制造。唐玄宗时还设立了一个北部军器监,下设弩坊和甲坊,专门掌管弩甲的制造。

212

2. 很多是农民工

　　唐朝的工匠地位不高,但成分复杂,既有"世袭"的"官奴",也有来自民间的优秀手工艺人,还有不少外籍工匠。既然地位不高,外国人来干吗呢? 一方面唐朝的生活水平比他们国家要高,日子相对舒坦;另一方面,外籍人在唐朝上交的赋税相对较少。

　　民间藏有大量的能工巧匠,唐朝按照"团""火"为基本单位征召民间工匠,任何人不得隐瞒和逃避,这样就确保了官营作坊里工匠的数量和质量。唐代工匠分工明确,管理严格,所有官方手工制品上都会落上工匠或监官的名字,这样可以充分保证产品质量,于是那精美绝伦的九环锡杖和精确的浑天仪也就不难制作了。

3. 唐朝的轻重工业

唐朝工匠的主要服务对象是各类朝廷建筑和公共工程。首先是都城长安和陪都洛阳的建设,长安城还被誉为伟大建筑创举,日本仿照长安修建了一模一样的都城。另外,各种道观、寺庙、陵墓、王公贵族的府邸,还有无尽的驿道、运河,足以让工匠们祖祖辈辈地忙碌。

大量的日用品、各种用具和军械由地方上生产,比如成都、扬州等地,出现了较大规模的手工作坊。朝廷也会在地方专营手工制品,多为需要国家直接掌握的冶铸、铸钱、酿造等重要行业。各种矿产、盐池,朝廷也会委派官员前去管辖。

唐朝规定以绢缴纳部分税赋,而绢帛也是货币,因此各种官私纺织作坊相当发达。当然核心技术掌握在官家手里,比如长安城有二十多座织染署,纺织作坊就更多了,里面的技术力量非常雄厚。唐朝益州(成都)织染业发达,江水被颜料染红,河流有了锦江的称谓,而这座城也被叫作"锦官城"。

发达的纺织业提供了源源不断的丝织产品,不但丰富了唐朝人的日用,还让丝绸之路在这个王朝更加悠远绵长。《捣练图》上的女子们夜以继日地劳作,在养家糊口的同时,也延续了这门古老的技艺。

第四节　在掖庭局"上班"多辛苦

1. 掖庭局的由来

从《捣练图》上女工们的穿着打扮,可以推测她们是贵族家庭私人作坊的工人,更大的可能是皇室作坊——即掖庭局的宫女。

掖庭,在西周时叫巷伯,秦朝改为永巷,汉初依然叫作永巷,为宫中旁舍,即宫女居住的地方。其到了汉武帝太初元年(公元前104年)改名掖庭,隶属于少府,主管为掖庭令,下属有掖庭丞员共八人。掖庭丞一般由宦官担任,掌管宫女及御用杂务,兼管宫中的诏狱。《后汉书·南匈奴传》里记载:"昭君字嫱,南郡人也。初,元帝时,以良家子选入掖庭。"从这句话里可以得到两个信息:西汉的掖庭面向民间招聘宫女,王昭君是以良家女的身份进入宫中。她的身份是宫女,不是来享福的,而是要干活——侍候皇帝或嫔妃。

唐朝,掖庭局沿袭隋初旧制划归内侍省(皇帝近侍机构)管理,主管为掖庭令,依然由宦官担任,虽然级别为从七品下,但直接为皇室服务,算得上是美差。

214

2. 掖庭局的具体工作

　　唐朝掖庭局主要负责宫人的名籍登记、宫内各种纺织缝纫等女工事务，招纳发配为奴的罪犯家属（官奴）。虽然从事各种苦役，如种桑养蚕、缫丝纺织、缝纫浆洗、洒扫庭院等，但不是所有女人都能进掖庭局，需要有一定的女工手艺，没有技术的只能去司农寺。司农寺主掌粮食积储、仓廪管理及京朝官的禄米供应等事务，干的是粗活，也有很多临时性的官方工匠。

　　进入掖庭的宫女不乏技艺高超者，但通常良莠不齐，这就需要专门的宫教博士（从九品下），教授宫人书法、算术及其他手工技艺。当然，唐代有相对完善的官府工匠培训制度，掖庭也实行"传帮带"，或者时间不等的集中培训，培训结束还有专门的考试。掖庭局设有监作（从九品下）四人，监管各种杂役、制作事务；两名计史，负责原材料供应和工程期限；具体到各种工役，则由典事负责。

3. 在掖庭做工有多苦

　　《新唐书·后妃传》记载："天宝乱，贼囚后东都掖廷。"说的是唐代宗睿真皇后沈珍珠，被叛军囚禁在洛阳的掖庭。说明唐朝在长安和洛阳都设置掖庭，而在掖庭做工的女人多半为戴罪之身或罪犯家属。

唐代的工匠"不得别入诸色",即不能改变工匠身份,而到掖庭局做工的是奴,只能没日没夜地工作,完全没有出头之日,皇帝还会将其随意赏赐给王公贵族。《新唐书》载:"绫锦坊巧儿三百六十五人。""巧儿"是优秀的技工,可能获得可观的收入,但依然一刻也不得闲着。

染练行当有一个专门的管理部门,在西汉叫"暴室",以暴晒丝织品之地命名。"暴室"在汉代专收"宫中有病的妇人及后妃之有罪者",相当于后宫监狱,比如《后汉书》载:"八年,诏废后,送暴室,以忧死。"皇后犯了错被送到"暴室",遭受各种折磨,最终忧愤而死。

乍一听,让人脊梁发冷!

216

第五节　唐朝官私绣成堆

1. 生产和贸易互相促进

杜牧的那句"长安回望绣成堆",写的是山川锦绣,"唐朝官私绣成堆"说的是丝织品,是毫无夸张的写实。唐朝蚕桑种养遍布东西南北,农民植桑养蚕,户户机杼,生产出海量的丝织品。比如定州(今河北保定)有位叫何明远的富豪,"植桑百顷、桑农过千","家有绫机五百张","日织绫绢万尺"。

规模化的劳作和生产,远非《捣练图》上的那些女工可比,而这还仅仅是北方定州一个丝织大户,全国丝织业产量可想而知。大量的丝织品,需要通过水陆码头集散,在互市上销售。不过,唐朝对绫绢等丝织品的边贸实施管控,"不得度西边、北边诸关,及至缘边诸州兴易",只许官方专营。那些靠近北方、西北的军阀与富商往往勾结起来,枉顾朝廷法令进行走私贸易,累积了庞大的财富,也在某种程度上刺激了唐朝丝绸贸易的繁荣和生产的发展。

2. 三种生产模式

唐朝的丝织业分布大体以安史之乱为分界,之前主要在以长江以北的中原地区和华北地区,后来在江淮和华东沿海地区有了突飞猛进的发展。

丝织品的生产则大致分为官营、私营和家庭手工经营三种模式。

官营的规模最大、技术含量最高。朝廷的丝织业属少府监下的染织署,一共设25个"作",10个负责织造,5个织带,4个织绸线,6个负责炼染。这些染织署和"锦坊"分布于长安、洛阳等城市,组织终身服役的官奴或招聘工匠劳作。

私营作坊规模也越来越大,不过像"定州何明远"那种还是凤毛麟角,大多数都是在"租庸调制"政策下催生的家庭手工作坊。

在安史之乱前后,全国有三分之一(113个)州府用丝帛缴纳赋税田租,千家万户"你耕田来我织布",为国家提供了海量的丝织品。

3. 丝绸急速贬值

　　唐朝到底收了多少丝帛呢?"……计三百七十余万丁,庸调输绢约七百四十余万匹(每丁以两匹算),绵则百八十五万屯(每丁三两,六两为屯,两丁合一屯)",这是《唐通典》上记载的玄宗天宝八年(749年)的数据。

　　唐朝为什么要生产数量如此庞大的丝绸呢? 最主要的原因,丝绸本身就是货币。官方买卖,唐代宗时朝廷以百万余匹帛购买了回纥的10万匹马,1匹马价值10多匹帛。丝绸生产越多,其"货币"属性就越低,但在投资意识欠缺的古代,人们还是会大量生产储存。

　　玄宗时期,有一位做琉璃生意的大老板富可敌国,家里存放的缣的匹数比南山的树木还要多。不少权贵富商更动辄积存上百万匹的丝绸,而全国丝绸的存贮量更是几千万匹甚至上亿匹。

　　轻软的丝绸是财富,也是消磨意志的温室,一个王朝在丝绸的包裹下逐渐腐败,逐渐走向灭亡的地步。

第六节 丝绸成就"新一线城市"

1. 扬州数第一

唐朝的一线城市无非长安、洛阳二京,随着丝织业的飞速发展,一些不甚发达甚至籍籍无名的城市也一跃成为一线。不知那时的房价如何,至少人口是在"噌噌"地往上涨。

典型代表就是扬州和益州(今成都),所谓"扬一益二"——特别是安史之乱后,偏安西南的益州和江南的扬州迅速繁荣,成为超过长安和洛阳的工商业城市。

先看扬州。

在唐朝,这座城市的丝织业恐怕比益州差一点,但在安史之乱尚未爆发的750年左右,扬州每年就上交数量和价值不菲的丝绸产品,包括"番客锦袍50件、锦被50张、锦100匹、其他锦袍200件,细绫10匹"。表面看扬州的岁贡似乎太少,但全是高档货或出口产品,价值是相当高的。

丝绸而外,扬州处于京杭大运河的南方起点,是海上丝路的核心城市,其发达的商业和富庶程度是内陆的益州无法企及的。因此,史学家在"扬益"谁为第一这个问题上,实在没有争论的必要。

2. 传统发达城市益州

益州在唐代有过蜀郡、成都府的称谓,由于独特的地域环境,当地发达的手工业由来已久,丝绸业更是名列全国之冠,产品长期为宫廷供奉。

四川地区早在"蚕丛鱼凫"的新石器时代就开始采桑养蚕。在春秋战国时,蜀地已经拥有发达的纺织业,秦之所吞并巴蜀,就是想要占领这个富庶之地,以"布帛金银"充实军需。随着织锦技术的发展和成熟,朝廷设置锦官,专门负责益州丝织业的管理。三国时期的蜀相诸葛亮大力支持织锦业,还改建了蜀锦的制造工艺。此后,成都地区供应了汉唐丝路上的全部织锦。

在唐代,益州以蜀锦闻名海内外,轻薄富丽的单丝罗同样是名产。除了益州,蜀州(今四川崇州)、彭州(今四川彭州)、汉州(今四川广汉)、绵州(今四川绵阳)都出产各有特色的绫罗绸缎,共同促进了西川丝织业的繁荣。

除了丝织业,益州还出产蜀纸、雕版印刷和茶叶。益州地处平原,素有"天府之国"之称,同时又是长安的后方基地,与西南各少数民族聚居区比邻,物产富饶,文化源远流长,手工业发达。这些都是益州能与扬州一争高下的资本。

3. 独秀的定州和后起的越州

在中国传统丝织业中心黄河下游地区,河北、河南诸州也逐渐脱颖而出,尤其是定州成为丝织重镇。定州的丝织产品不但质量过硬,而且产量高,在安史之乱前,该州每年上交各种绫1680匹,包括细绫1275匹,瑞绫255匹,有特种花纹的两窠细绫、大独窠绫、独窠绫各50匹。回头来看看扬州的生产规模,就知道这个产量是何等可望而不可即。

即便在唐朝晚期,定州依然能保持极高的产量,这充分印证那位姓何的土豪"家有绫机五百张"并非虚言。

吴越地区也有较长的丝织历史,但迟迟得不到长足发展。直到安史之乱爆发后,润州(今江苏镇江)、常州、苏州、湖州、杭州、睦州(今浙江建德)、明州(今浙江宁波)、宣州、越州(今浙江绍兴)等地丝织业快速发展起来,不但超过了黄河下游地区,还大有抢夺蜀锦等名优产品之势。

特别是后起之秀越州,产量达到了每月上交绫45000匹的巨大规模。这么大的生产量,反过来推算织机和工人,再联想依托这个产业的人口和城市,可以想象是何等的庞大和繁荣。

第七节　陆上丝路盈罗绮

1."丝绸之路"是外国人提出来的

　　中国古代的商人天天在西域古道上做生意,却根本不提"丝绸之路"。这个概念由德国人李希霍芬于19世纪末提出来,并将其出现的时间定于公元前114年至公元127年之间。

　　历史上有一条连接欧亚的陆上大通道,起点为中国的长安,经中亚五国、阿富汗、伊朗、伊拉克、叙利亚等而达地中海,终点为罗马,全长6440公里,因通道上的运输的货物以丝绸为主要代表,故名"丝绸之路"(简称"丝路")。

　　早在2000多年前,由于运送中亚地区的和田玉,中国东西方通道就已经出现了,但在西汉武帝时,丝路才在刀光剑影之中正式开辟。这条贸易之路的开通,有大使张骞探路的"文治",更离不开霍去病、李广利等将军"不破楼兰誓不还"的赫赫武功。后来,东汉班超和窦固延续祖辈的荣光,再次打通中断的丝路,重新设立西域都护府。丝路恢复,并向欧洲延伸,不但带来繁荣的贸易往来,还带来了佛教等文化。

　　到魏晋南北朝时期,各个政权竞相发展外贸,除西北丝路外,还开通和完善了西南丝路和海上丝路。丝路不但是中外的贸易通道,也是政治、经济、文化交流的重要渠道。

　　隋代,中外往来更加频繁,官民交往日益活跃。

2. 传统丝路"三段三线"

唐代,李世民西征的雄心在儿子唐高宗时彻底实现,西突厥被灭,安西、北庭两个都护府设立。大唐帝国的广阔疆域,促进了丝路的进一步延伸,在陆上继续延伸、扩展西北丝路而外,还北向蒙古高原开通"草原丝路",向南完善了经过成都的"西南丝路"。

西北丝路,也就是张骞开辟的那一条,可以简化为长安—河西走廊—今新疆境内—安息(古波斯)—西亚—大秦(古罗马),但通常分为"三段三线"。

东段从长安到玉门关、阳关,中段西至葱岭,再往西经过中亚、西亚直到欧洲为西段。三线为北线、南线、中线,都从长安或者洛阳出发,在武威、张掖汇合,再沿河西走廊至敦煌,再分三条路线出境,分别对应西段的三条线路。

3. 其他两条丝路

唐朝是我国丝织业发展的高峰时期,国家出现了黄河流域、巴蜀和江南三大主要丝绸产区。数量庞大的丝绸产品需要更大的市场,就近的境外贸易很快发展起来,北方丝路和西南丝路应运而生。

"北方丝路"也叫草原丝路,由中原地区向北翻越古阴山(今大青山)、燕山一带的长城之后,从西北穿越蒙古高原、俄罗斯南部、中西亚北部,抵达地中海北岸。这条丝路虽然路途遥远,但交通条件相对较好,有连接游牧文化与农耕文化的巨大意义。由于交易双方以牲畜、皮毛制品和粮食、纺织品、茶叶及手工制品为主,草原丝路又有"皮毛路""茶马路"的别称。

"西南丝路"在西汉已经出现,唐朝分别以长安和成都为起点,分道出发,可以直接出境,也可以在大理汇合后西行,从腾冲出缅甸,最终抵达印度。由于穿越山地,西南丝路更为艰险复杂,但历朝从未中断,商人们在这条西南通道上做生意赚钱,也维系着中国与东南亚、南亚各国的经济、文化和政治的往来交流。

第八节　海上贸易以丝绸为主

1. 唐朝的航运和海上贸易

除了陆上丝路,中国很早就有了海上丝路。秦汉时期"徐福东渡",三国时的东吴航运业发达,不但称霸长江流域,还远航东南亚。

提到海上航运,人们更容易想到两宋以及郑和下西洋的明朝,却忽略了唐朝,不是因为唐朝的造船业和航运业不行,只是它的首都处于内陆,陆上交通十分发达,掩盖了繁荣的水上交通和海上贸易。

鱼玄机在《江行》中描写武汉的航运盛况:"大江横抱武昌斜,鹦鹉洲前户万家。"在唐代,鹦鹉洲不过是武昌与汉阳之间的一个

画
⊛说
大唐

224

小岛，却建起了繁华的河港，上面酒肆、客栈应有尽有。你能说唐代航运不发达？

　　唐代还在武昌修建有大型造船厂，建造出"千里江陵一日还"的各种船只。唐后期南方造船业迅速发展，唐朝著名理财专家刘晏在担任盐铁转运使和负责漕运期间，南方建起10个专门制造大船的船厂。毫无疑问，唐朝的造船业至少在亚洲地区是绝对首屈一指的，沿海地区的大船动辄十几二十米，船上有分舱，舱与舱之间有水密舱壁，还广泛运用木料上下重叠，以铁钉钉成排钉的先进技术。唐朝是亚洲地区名副其实的海上霸主，并垄断了整个地区的海上贸易。

　　唐代的陆上丝路在"安史之乱"后再也无法恢复昔日的辉煌，除了北方战乱和军阀割据，一个重要的原因是海上丝路兴起，朝廷将财税重心向南方沿海转移。

225

2. 唐朝的海上丝路

　　唐朝出现了一大批港口城市，如广州、杭州、福州、宁波、泉州等，它们为海上丝路的繁荣提供了条件，也是海上贸易繁荣的体现。安史之乱前，广州就有伊斯兰教、犹太教、基督教徒等12万名左右。朝廷在广州设立市舶院，向到港的各国商人征收赋税、办理海关事宜。最迟在元宗太和末年（827年），唐朝就在广州、泉州等地设立蕃坊，对外商实施集体管理。

　　实际上，自唐代中期开始，海上丝路已经悄然繁荣。它从东南沿海出发，通往东南亚、马六甲海峡、印度洋、红海，直到非洲大陆。这条在《新唐书》上称为"广州通海夷道"的航道,实际上就是我国的海上丝路。另外,由山东出发经过朝鲜半岛,或由扬州、宁波出发,到达日本等地的东亚丝路也不容忽视。

唐朝通过海上丝路出口丝绸、瓷器、茶叶和铜铁器等大宗商品,境外则将香料、花草以及供宫廷赏玩的珍宝输入。自然,通海夷道上的最大宗货物是丝绸,于是有了"海上丝路"的叫法。随着宋元瓷器的大量出口,也就有了"海上陶瓷之路""海上香料之路"等称谓。

3.海上丝路主要是丝绸

通过海上丝路的境外贸易,唐朝获得巨大的经济支撑,而丝织业是最大宗的贸易商品。唐朝的海外贸易港口主要集中于东南沿海,这无疑刺激了江南丝织业的发展。

唐朝前期,江南丝织业主要集中于吴越之地,也出现了一批以丝织品闻名的城市,如润州的绫衫缎、常州的绫绣、苏州的方纹绫、越州的罗、吴绫、绛纱等,但当时的产量很少,每郡岁贡不过十匹。但随着中晚唐经济中心由北向南的转移,江南手工业特别是丝织业飞速发展,丝织品种增加,质量提升,染色技术更高,在质量和产量上都很快超过了黄河流域和川西地区。

精美的绫罗锦绣让地方官僚捞够了油水,缔造了很多新贵,推动了海外贸易的发展。与此同时,瓷器、纸张、铜器、铁器、茶叶等产品逐渐推向市场,大有后来居上之势。海上丝路因此持续繁荣,支撑了繁荣的两宋,直到明朝"禁海"。

第十一张画 | 《五牛图》

《五牛图》

背景介绍:

朝代:唐朝

绘者:韩滉

规格:20.8 cm × 139.8 cm

类别:黄麻纸本设色

此画又名《唐韩滉五牛图》,画中五头牛从左至右一字排开,各具状貌,姿态互异。其为中国十大传世名画,少数几件唐代传世纸绢画作品真迹之一,也是现存最古的纸本中国画,现藏于北京故宫博物院。

第一节　宰相画师捞钱忙

1. 出身豪门的画师

韩滉留下了"稀世名笔"《五牛图》,却被《宣和画谱》归为人物类画师,画史上也有"韩马戴牛"的说法。

其实,画牛并非韩滉的强项,他倾注更多精力的是田园风俗题材。但也正因为他长期关心农家生活与农业生产,才能以并非强项的《五牛图》让后人景仰。

228

韩滉画像

另外,绘画只是韩滉的业余爱好,他的主业是当官——贞元元年(785年),官拜尚书左仆射、同平章事,也就是宰相。他出身"一门三宰相,五世七侍郎"的昌黎(今河北昌黎县)望族韩家,老爸韩休在开元年间(713~741年)当过宰相。唐朝诗人、文学家韩愈自称昌黎先生,但论官位和家境与这位本家比起来差得远。

有了这样的家庭背景和强悍的老爸,韩滉十多岁便出任骑曹参军,后相继担任县里的主簿(文秘工作),

太子通事舍人(相当于太子的秘书官),33岁出任判官(节度使的僚属),后担任殿中侍御史(检察官)、吏部员外郎(相当于司长)。他在每个任上都兢兢业业,勤于政事。唐代宗大历年间(766~779年),韩滉升为吏部郎中,并于771年调任尚书右丞,与吏部尚书刘晏一起主管全国"钱谷"。

2. 为朝廷捞钱

韩滉到了任上就拼命搞钱。大历十二年(777年),关中地区3万多顷农田遭遇秋涝,庄稼大幅减产,京兆尹黎干如实上报朝廷。韩滉却说黎干言过其实,赋税一分也不能减免。黎干也是一位官二代,一贯媚上欺下,后因勾结宦官作祟被皇帝赐死,不过这次他报的确是实情。同时,河中府(今山西永济蒲州镇)的池盐因雨水太多遭受损失,韩滉依然坚持说没有减产,朝廷也派了人下去调查。

这两件事(其实是一件事)代宗皇帝心知肚明,也将附和韩滉而瞒报灾情的核查御史和当地县令都贬了职,但未动韩滉一根汗毛,这是为何呢?安史之乱结束后,吐蕃屡屡犯边,这二十多年来战事就一直没消停,韩滉搞钱并非中饱私囊,是为了填补军费开支这个无底洞。

为了保住大唐江山,皇帝当然要挺韩滉,就只能罔顾事实,顾不了百姓和说真话的官吏了。

229

3. 没钱还真是不行

韩滉这招儿在德宗皇帝这儿不灵了,以搜刮民财之罪被贬出朝廷,放到润州(今江苏镇江)做地方官。此一时彼一时,韩滉赴任后,立马安抚百姓,平均租税,把地方上的事情办得妥妥的,把府库填得满满的。

德宗皇帝的名号里有个"德"字,为百姓考虑的出发点是对的,但手头没钱又没兵,还胆敢削藩(裁撤地方军阀),最终导致建中四年(783年)的泾原兵变。皇帝带着官员逃往奉天(今陕西乾县)避难,李晟将军在前线平叛,急需要粮食。关键时刻,善于积累钱谷的韩滉起作用了,他立马紧急调配粮食布帛支援,一次就送了一百万斛粮食,其他节度使见状纷纷送钱送粮,而此后,韩滉按月给朝廷送吃的和穿的,帮助朝廷度过了危机。

这一波操作之后,韩滉在德宗心中的印象彻底改变,韩滉人生最风光的一次加官晋爵到来了。

江淮地区的百姓不消说被韩滉一通搜刮,但话说回来,如果当时的唐朝抵挡不住垮了台,江淮面对的可能是生灵涂炭。

第二节 命运多舛五头牛

1. 民生疾苦成就《五牛图》

韩滉出身官僚世家，一生为官并官至宰相，立身行事肯定是要维护统治阶级的利益，但这并不妨碍他眼睛向下关心百姓疾苦。事实上，他在润州担任节度使期间，不但减免老百姓的赋税和借款，组织人力兴修水利搞养殖，还深入田间地头，与有经验的老农商讨如何搞好农业生产。

作为一名出身优渥的京城大员，能做到这一点真是难能可贵。长期在农村一线蹲点，韩滉对农民生活和农村事物了然于胸。有了这样的真切观察，他就写出了《晦日呈诸判官》：

晦日新晴春色娇，万家攀折渡长桥。

年年老向江城寺，不觉春风换柳条。

或许也是春季某个月的最后一天，又一次田间调查结束，韩滉信步走来，但见春风和暖，田野上几头卸下犁铧的耕牛神态各异，有的低头啃草、有的被牧童驱赶，有的舔舌回首，而农夫们正抓紧时间劳作。

灵感油然而生，在韩先生的心里已经有了一幅成熟的《五牛图》。

231

2. 从唐代到清朝

《五牛图》不仅在题材上为以仕女鞍马为主题的画坛吹来一股新风,还在技法上独领风骚,一经问世便成为旷世名画,收藏家纷纷垂涎。经过五代的纷乱岁月,它在北宋被收入皇宫内府,宋徽宗珍爱不已,在上面留下题词花押。南宋灭亡后,宋高宗赵构逃到南方偏安,《五牛图》随之被带走,后来藏于赵宋皇室后裔,辗转到了宗室赵孟頫手里。楷书四大家之一赵孟頫将《五牛图》小心装裱,并用有名的"赵体"记上该图的来历。

明朝,《五牛图》由收藏家项元汴收藏,清军破城,将他这幅珍藏于"天籁阁"的画与《女史箴图》等名画席卷而去,不过好在下面的人懂画,将其送交朝廷。乾隆皇帝对《五牛图》爱不释手,一直珍藏在宫中,编进了《石渠宝笈》。乾隆多次在画上题词,专门设了一个春藕斋,将《五牛图》陈列起来。

直到清朝末年,八国联军入侵北京,《五牛图》落入外国人之手。

3. 总理的指示

1950年初,一封香港来信摆在中南海总理办公室,信上提供了一条信息,《五牛图》将于近日拍卖,希望政府赶紧出手。周恩来总理马上给新华社香港分社发去指示:如系真品,不惜一切代价抢购。

画是真的，就在香港企业家吴蘅孙手里，是他在一位经营文玩的朋友那里买下的，只因为家族企业濒临破产吴蘅孙才忍痛出售。当时画作要价很高，但有中国银行贷款，钱不是问题。不过，这事差点没成！因为在台湾的蒋介石政府也在打这幅画的主意，派了大量特务监视新华社香港分社的举动，好在社长黄作梅"明修栈道，暗度陈仓"，成功促成吴蘅孙撤拍，并以6万港元的价格购得此图。

历时千年、饱经沧桑的《五牛图》带着数百个蛀孔回到故宫，凭借技师孙承枝先生出色的修复、装裱技艺，耗时数年，这幅国之瑰宝才得以重现人间。

韩滉画作应该不少，仅宋代《宣和画谱》就记载了36件，而留存至今的只有这幅《五牛图》。沧海桑田，世事无常，一切正如画家在《听乐怅然自述》里所写：

> 万事伤心对管弦，一身含泪向春烟。
>
> 黄金用尽教歌舞，留与他人乐少年。

233

第三节　五牛背后的深意

1. 五牛背后有深意

韩滉在绘画上学的是南朝人物画大师陆探微，主攻方向、创

《五牛图》(局部)

234

作重点都是人物画,并且同时代的画家认为他的人物画水平比张萱、周昉还要"完美"。那么,为何他的人物画没有流传下来,而历代帝王、收藏家唯独钟情于这幅《五牛图》呢?

笔者认为,此画体现了作者高深的艺术造诣和自成一家的画风,能让世人在众多的人物鞍马图中眼前一亮。五头牛或悠闲蹭痒,或稳健迈步,或老态毕露,或威严回首,或凝神思虑,无不传神尽相,直接触动观众的内心。当然,这只是停留在画作浅表的理解,让我们一起尝试探究五头牛背后隐藏的深层内涵吧。

2. 当下心情的写照

画上左边这头,也是唯一穿了鼻环、戴着缰络的牛,神情服帖而温顺,却流露出忧郁的目光,拟人化的嘴唇似乎有对命运的感叹。

此时的唐朝,无论财力还是国力都开始走下坡路,但统治阶层的奢靡之风并未有丝毫收敛。离开长安之前,韩滉一直在经办或主管国家财税,为了满足朝廷开支想尽办法,甚至不惜以欺瞒手段对百姓极尽搜刮。这是不得已而为之,因为国家失去对户口和田亩的控制，任由大地主豪绅进行土地兼并，"租庸调制"难以有效实施，代宗皇帝后期，朝廷多次改革税收制度，但很难贯彻下去。老百姓苦不堪言，国家财政已经捉襟见肘。

这种局面在德宗上位后得到初步改善，韩滉在地方上努力贯彻"两税法"，积极倡导农耕，为国家积蓄钱帛。然而，一己之力无法改变整个国家，此时的韩滉，即便没有"大庇天下寒士俱欢颜"的抱负，至少也想再次跻身朝廷重臣之中，更好地施展自己的才能。

3. 自身品格的外化

五头牛，不管哪一头都毫无飞扬跋扈、盛气凌人之势，只有踏实稳重、任劳任怨的神态。言为心声，画也是作者心灵的表现。

韩滉家境优越，长期经手国家赋税钱粮，但从来不贪不占，生活作风十分简朴。据称他的官服一直穿到不能再穿为止，家具陈设简陋到只能维持基本生活，交通工具也不求豪华而只是一般的马匹。

也正是因为有这种"俯首甘为孺子牛"的精神，韩滉才能在"泾原兵变"后，皇帝被赶出京城、各个藩镇蠢蠢欲动的情况下，毫不动摇地坐镇润州，力保江东和淮南，为大唐王朝提供最后的支撑。正是因为有一批具备"儒家士大夫"情怀的肱股之臣，曾经辉煌的大唐王朝才能多次涉险过关，也让黎民百姓幸免于难。

4. 画师的美好向往

有人说五牛其实象征五个韩家兄弟，一个个都是唐王朝勤劳、温顺的忠臣。但作为一方诸侯的节度使，韩滉在此恐怕还不是急于向新皇帝表达忠心，而是一位高级官僚站在朝廷立场上，自然流露出藩镇团结、上下一心，重拾大唐荣光的美好愿景。

五牛中有的恭顺、有的忧虑、有的调皮，但一个个绝无疲沓之气，而是精神焕发、勇往直前。其似乎是在提醒大唐子民，不要作壁上观，更不要有狼子野心，而应积极行动起来，与朝廷一起共克时艰。毕竟，中间的那头牛正在直面问题，坚定信心，带领其他四头牛执着地走向前方。

事实上，韩滉一刻也没停止行动。他加紧训练士兵，修筑城防工事，新开饮水井，全力打造长江防线。同时，他派兵攻打就近的叛军李希烈部，保证大运河漕运安全，还威慑、警告有二心的藩镇。

终于，唐朝挺过来了，韩滉带着他的《五牛图》回到京城，等待齐家治国平天下的机会。

第四节　那些毁誉参半的"唐牛"

1.韩滉时代的专才们

在唐朝官场上,韩滉算得上是一位全才,但绝对不是一位专才,特别在财税收支管理方面。在户部主管财务时,他主要负责的是"文簿事务",也就是行政工作,具体的业务则另有其人。不过他能严格管理,严密法度,无论在中央还是在地方,都能交出一份令人满意的"财政报告"。

在韩滉同时代,也就是中国的赋税制度从"租庸调"过渡到"两税法"这一时期,还真有那么几头专业的"牛",卖力拉动中晚唐的沉重车载。他们分别是刘晏、第五琦和杨炎等,均出身普通家庭甚至寒门,以卓越的财税管理能力出任宰辅,但都没能善终。

237

2.善于钻营的道学家元载

伴随国家层面的重大改革,必然要涌现出几位杰出人物,引领人民度过危机,走向新的时代。

元载虽然在"户部侍郎、度支使、诸道转运使"等肥差上干过,但他本质上还是"文科生",搞财税工作肯定不在行,于是推荐刘晏担任度支使,自己挂了个"营田使"(主管屯田),一头扎进权力斗争的旋涡。

　　大约因为能将"道学"运用得出神入化,元载在官场如鱼得水:最先利用专权的宦官李辅国升任宰辅,得到代宗皇帝信任后,参与密谋杀死李辅国;接着利用宦官,进一步在代宗那里留下好印象,在大历四年(769 年)瞅准时机扳倒把持朝政的宦官鱼朝恩。

　　从此,他大权独揽,贪污受贿、私建宫殿,皇帝多次打招呼仍不收手,只得将其收监赐死。

　　这家伙在其位不谋其政(后期兼任度支使),只顾将国家财税往自个儿家里搬,其他不说了,抄家时仅胡椒就查出来八百石。真可谓欲壑难填,难怪代宗要挖他的祖坟了。

238

3. 理财专家刘晏

　　即便如此,元载还是有功劳的,一则打击了宦官专政,二则为朝廷推荐了几位财税大臣。刘晏即是其中一位。

　　刘晏在财税部门的资历其实比元载更深,但这位依靠一篇文章获得玄宗皇帝青睐并逐渐提升上来的文科生,很快就被青云直上的元载取代了。后来元载身上的职务实在太多,恐怕也觉得自己不是这块料,才将度支使的职务交给了刘晏。

　　刘晏确实有能耐,毕生主要干了三件大事。

　　其一改革榷盐法。同样实行禁榷制(食盐专卖),他以"官商分利"取代"官方专利",调动了民间盐商的积极性,而官府利润成倍提升，此法一直沿用到清朝。

其二改革漕运。他提高船只的造价，从而保证官船质量；雇用水手并驻军护航，保证漕运安全。

其三改革"常平法"。他派专员管理的常平仓，由中央统一调度，加快商品流通；将常平商品的品种由粮食扩大到各个门类。

4. 改革税法的杨炎

还有一位干将是杨炎，人长得帅，文章写得漂亮，还有一手好书法。这都不是重点，重点在于他遇上了两个贵人：一位是李光弼，带他出道；一位是元载，将他当成接班人培养。元载死后，他就只有靠自己的真本事了。

混到宰相之位后，杨炎在财税方面最大的贡献是给唐德宗献了一策，即著名的"两税法"。此法简化税制，扩大税源，让中央的财政控制力量得到加强。

"两税法"是税制的一种进步，但在当时有利有弊，朝廷的财税收入确实增加了一些，但也加重了百姓负担，有人甚至说它只是杨炎借以扳倒刘晏的一个手段。

"两税法"是好是坏先按下不表，杨炎还进行了一项改革，将国库和皇帝的私库分开，维护了国家财政收支的独立。他提出了初步的国家财务预算建议，也就是用多少再确定收多少。这些措施和建议在当时都是非常先进的。但此人喜欢害人整人，又有一个不争气的儿子，最终被德宗皇帝处死。

5. 用猛药的第五琦

元载还栽培了一位官员,复姓第五,单名一个琦。第五琦出身官宦家庭,凭自己的本事考中进士,在官场上凭借才华获得晋升。

首先,他在安史之乱后受命前往江淮,筹集和调运钱粮。他一方面广开财源,一方面开通新的粮食运输线,帮助朝廷解决燃眉之急。

其次,他向肃宗建议,终结私营盐业,开创"榷盐法",由朝廷垄断食盐的产销,获取巨额利润缓解财政危机。

240

最后,他用了一个损招,用新的大钱换原来的小钱,用"通胀"这一掠夺百姓财富的办法解决缺钱问题。

第五琦所采取的措施无疑是重病用猛药,副作用也是很明显的,比如"榷盐法"造成官僚机构臃肿、腐败,发行新钱导致恶性通货膨胀,等等。

有的问题让刘晏等人着手解决了,有的则遗留下来造成祸患。

无论如何,第五琦与各位理财大臣们,正如韩滉笔下的老黄牛,在最需要人才的时候扶持大唐走了一程,在浩瀚的史册上留下了闪光的一页。

第五节　一把犁改变生活

1. 出自江东的曲辕犁

晚唐时期,南方农业飞速发展,南方的农民在前人的基础上发明了一种新式农耕工具——曲辕犁。其因出现于江东地区(今浙江宁波鄞州区),又被叫作江东犁。

不就一把普通的犁吗,有什么了不得? 这样说吧,这把犁从唐朝后期经过宋元明清直到当代,大约 1200 年依然活跃在中国的田地。笔者刻意比较了一下,发现少年时代用过的犁只在曲辕犁基础上作了减法。

241

换句话说,唐代的曲辕犁更有技术含量。据《耒耜经》记载,它一共有 11 个部件,分别是犁铧、犁壁、犁底、压镵、策额、犁箭、犁辕、犁梢、犁评、犁建和犁盘。

农民与泥土打交道,干的都是粗活累活。这犁太复杂了一点,不小心容易坏,那就把犁辕缩短、变弯,策额、压镵这些零部件都不要了。有了铁犁铧后干脆把犁箭、犁建也都省去,这就越来越接近笔者少年时用过的犁了。

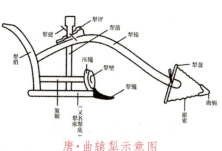

唐·曲辕犁示意图

2. 曲辕犁的科技含量

曲辕犁之所以搞得这么复杂，并不是唐朝农民心眼实，而是与冶铁不发达和耕作的土质有关。它与以前的犁相比，有一个划时代的伟大进步。

据说在5500年前，埃及农民就让牛拉着带尖的木头犁地，不过它似乎不比中国用绳子拉耒耜的原始"犁"更高级。耒耜，相当于一个小高跷，脚踩横木，插入尖头翻土。在此基础上，春秋时出现了牛拉犁，西汉时出现了直辕犁。直辕犁有双辕和单辕，适合在平原地区大块旱地使用，犁地时不需要转弯，耕作效率更高。

曲辕犁比以前的犁更为轻巧、转动更为灵活，便于深耕，且更利于机动、回旋。犁评与犁建配合，可以调整犁箭，控制犁铧入土的深浅，可以按照土地要求深耕或浅耕；犁壁碎土、翻耕，减少耕地时的阻力。这些都是为江南地区独特的小块水田量身定做的耕作工具。

3. 犁改变生活

在曲辕犁的帮助下，晚唐江南农民精耕细作，形成了完整的水田耕作技术体系，极大地提升了劳动生产率。

唐朝后期经济重心向江南地区转移，与黄河中下游地区遭受战乱有关，也与江南农业的自身发展有关。农民有了先进的生产工具——犁，提高了生产效率，也就有了更多时间在江南地区大量开垦土地、兴修水利，扩展水稻种植，产出更多的粮食。粮食产量提高，农民才有多余的土地和劳力栽种茶叶等经济作物，茶叶种多了，国家多了一个税源。

贞元九年（793年），朝廷设置茶场，在历史开创了税茶的先河。

4. 研究犁的文人

提起唐代犁，不能不说说陆龟蒙。这位晚唐的失意文人，"几年无事傍江湖，醉倒黄公旧酒垆。觉后不知明月上，满身花影倩人扶。"尽管过得花红柳绿，却并未消极遁世，而长期蹲在农业一线，写成了不朽的农业经典著作《耒耜经》。《耒耜经》实际上是犁经，讲的主要是曲辕犁，另外提到三种破碎土块的农具：爬、礰礋（lì zé）和碌碡。

陆龟蒙还讲述了捕鱼术，是春秋末期《陶朱公养鱼经》之后的又一渔业专述。他对茶学也有研究，提到的茶具有的连陆羽的《茶经》上都没有。他还观察到危害庄稼的鸟害、鼠害，倡议保护渔业资源。他甚至将农业和农具提升到了人生意义的高度，体现了封建知识分子对国家命运的思考和精神上的追求。

从这个程度上来说，无论怎样赞美这把犁，都一点也不过分。

243

第六节　皇帝下诏禁止杀牛

1. 牛耕技术的运用

曲辕犁是一个长达六七米的大家伙,虽然适宜江南稻田耕作,但依旧笨重,需要两头牛才能牵引。不但要两头牛,而且每头都要像《五牛图》里的牛那样健壮。

中国的牛耕最早可以追溯到商代,有准确记载的是在春秋时期,"秦以牛田,水通粮",说明秦国已经普遍使用牛耕。牛(马)与铁器结合,有利于精耕细作,促进了农业的发展。

东汉推广并提升了牛耕技术,粮食大幅度增产。嘉峪关五号壁画墓的《牛耕》砖画,真实反映了魏晋时期的农民耕作场面。图上的耕牛一黑一白,身体健壮,牛角扬起,穿着牛鼻环;犁铧插进土地,两头牛尾巴扬起;扶犁的青年男子依然不满意,右手扶犁,左手扬鞭驱赶。

《牛耕》砖画

2. 二牛挽犁全面铺开

古代牛耕多用二牛挽犁,通常为"二牛抬杠式",即用两头牛挽犁衡,共同牵引后面的犁。为何要用两头牛,一头不行吗?除了古代犁本身沉重外,还有一个人的原因。

此人叫赵过,是汉武帝时的搜粟都尉(也叫治粟都尉,主管军粮生产)。赵都尉在田间管理过程中总结出了一套抗旱耕作方法——在地里开沟作垄,沟垄相间,垄上的土为沟里的作物提供保护,来年沟垄互换。这种耕作方法被称为"代田法",有利于抵御西北的干旱和风沙,将土地产量提高了一倍。

但问题也来了,沟垄必须使用大型犁铧深耕才能形成,一头牛不够,必须用两头牛。赵过接着发明了二牛三人的耦犁:一人牵牛,一人掌犁辕,一人扶犁。汉朝以后,中国广泛使用铁犁牛耕,"二牛挽犁"也从西北向全国铺开,一直沿袭下来。

上面的砖画里,农民"汗滴禾下土",两头耕牛也在仰头奋力。在农耕时代,"粒粒皆辛苦",牛与人概莫能外。牛除了耕地、覆土填埋及平田碎土还会用牛拉"耙",人们还会用牛作为交通工具出门赶集。

3. 杀牛要被流放

在农耕时代,中国农民对牲畜特别是耕牛有特殊的感情。农村广泛修建牛王庙供奉牛神,春耕开始之前会祭祀耕牛,不少水利工程都以铁牛或石牛作为镇水神物。

自战国以来,统治阶级通常会出台政策保护耕牛。比如秦国《厩苑律》规定:"盗马者死,盗牛者加。"这里的"加"通"枷",即戴上枷锁游街示众。汉代耕畜紧缺,对耕牛的保护更加严格,凡杀牛、盗牛者要被处以重刑。正由于这些措施,汉朝才能广泛推广赵过的"代田法"。

唐朝初期,战乱导致耕牛匮乏,太宗皇帝废除了沿袭多年的杀牛祭祀传统,颁布诏书禁止宰杀耕牛。随后,朝廷将耕牛保护写进了国家法律。盗窃并杀死马牛的,流放两年半;故意杀死他人马牛的流放一年半;杀死自己马牛的流放一年。由此可见,今天文艺作品里为了表现古代侠客的豪爽,张口就让店小二切两斤牛肉吃的桥段,应该是今人的胡说八道。

后来唐朝的牛马多了,但牛实在太重要,除了农业生产,还是陆上交通的重要支撑。于是,玄宗时有了补充规定,杀牛马骡的以犯罪论处,永不得进入官场。这一条其实不是约束农民,而是针对那些有钱的好吃者。但据说这也难不倒那些老饕,他们会偷偷地将牛肉煨烂,做成浓稠的汤羹。

第七节　好日子很快到头了

1. 朝廷只给了个数字

　　按照武德七年(624年)颁布的诏令,成年男子可以得口分田80亩,60岁以上或残疾的男子减半,守寡的妇女可以得30亩。永业田是世代继承的,如果连续三代就可以有60亩,四代80亩……

　　实际操作中才发现,这不过是李渊的一厢情愿,给平民授田在大多数时候根本无法落实。导致这种现象的最重要原因是,土地兼并! 即便在李世民的贞观之治时期,很多地区平民能授田50亩就很不错了;到武则天时期,农民户均土地大约40亩;开元年间(713~741年)问题更严重了,据资料记载,一个叫张玄均的男子全家按律应授田230亩(两丁一寡),实得仅75亩。张玄均家授田较多,日子应该还过得去。但在其他地区农民获得的田亩比张玄均的还要少很多。

　　因此,我们千万不能只看从史书提出来的光鲜数字,一定要眼睛向下,看看农民的真实生活。

2. 土地兼并

有人会说，晚唐时期农耕技术和水利工程的发展，让耕地亩产提高了。的确，特别是江南产粮区，亩产可达七八斗至二石，好年景水稻亩产可达三石。

土地增产有一个限量，土地兼并则是无限的。毕竟，"均田制"只是权贵与百姓达成的一种利益平衡，均田"均"的是因战争人口减少多余出来的土地，加上部分荒地和屯田，这些都是有限量的。

唐朝法律规定永业田可以买卖，这无疑给土地兼并开了一个缺口。普通农民的经济能力脆弱，抗风险能力差，稍有变故只能出卖土地。于是，土地兼并成为你情我愿的事。豪绅利用资本获得更多的土地，官僚则依仗采取"借荒"（借用熟田）、"置牧"（占用山林牧场）、"包佃"（租用）等方式占夺农民的土地。

248

安史之乱尚未爆发，"均田制"已名存实亡。老百姓失去土地去逃亡，也就没人交"庸"和"调"了。朝廷可以不关心授田的持续性，但不能不考虑赋税问题。

最开始，官府将"租庸调"着落在逃亡者的邻居头上，结果导致更多人逃亡。为此，朝廷采取了一些措施，比如玄宗时采取的"检田括户"（检查逃亡的农户和兼并的田地），诏令口分田、永业田都不许买卖典贴。但这些措施收效甚微，土地兼并依旧愈演愈烈，直接导致"均田制"被彻底破坏，取而代之的是皇庄、官庄、庄园等各式田庄。土地都进了权贵富豪的私人庄园，"租庸调"也就实施不下去了。

3. 改税制增加收入

赋税收不上来,朝廷不可能不用钱啊,怎么办？只能无序地乱摊派、乱收费,老百姓苦不堪言,日子没法过了,一些小规模的起义陆续出现。

为了应对这一情况,唐代宗出台了个政策,废除以前"租庸调"时的虚额,根据当时实际的人户以及贫富等级收取赋税。其后来又准备实行古代的

唐德宗李适画像

"十一税制",还试行了分夏秋两次按田亩面积和田地好坏征税的办法。

后来唐德宗采纳杨炎的建议,于建中元年(780年)正月初一正式实施"两税法"。此法遭到了豪门权贵的极力抵制和阻挠,但好歹实施下去了,不到三年时间收入就超过了以前唐王朝的全部财赋收入。

有了"两税法",收上来的财政赋税持续增多,唐朝才得以又延续了一百多年。也由于这个税法,给底层百姓带来了更多的苛捐杂税,加剧了唐末的阶级矛盾。

第十二张画 | 《明皇幸蜀图》

《明皇幸蜀图》

背景介绍：

朝代：唐朝

绘者：李昭道（存疑）

规格：55.9 cm×81 cm

类别：绢本设色

此画描绘了唐天宝年间为躲避安史之乱，唐明皇（玄宗）在蜀地避难的情形。该画流传的版本较多，此图可能为宋代摹本，但比较接近李思训、李昭道父子画派风格，现收藏于台北故宫博物院。

第一节　是逃难入蜀,还是春游摘瓜

1. 惬意"春游图"

白云飘忽,群山连绵。

这幅《明皇幸蜀图》展现的是崇山峻岭之中,林木掩映之下,玄宗皇帝及大队人马在长途旅行途中的场景。画面的中央,大队侍从看管行李,抓紧时间休息,驮马也累了,安静地倦卧路边。左边是前队,正向山间探路,即将踏上危险的栈道。右边是皇帝与嫔妃等大队人马,即将通过一座小桥。在这个大山合围的峡谷里,一切都那么安谧、轻松,恰似一次春天的户外踏青。

因此,此画又名《春山行旅图》。到了宋朝,此画还有一个名字是《摘瓜图》。

"道旁瓜圃,宫女有即圃采瓜者,或讳之为摘瓜图。"写下这句话的是北宋户部尚书叶梦得,他见到的是《明皇幸蜀图》的摹本,以为作者是李思训。不过,唐玄宗避难蜀地之时,

唐·李思训《江帆楼阁图》

251

李思训早已不在人间。如果硬要说是他所画,那画中描绘的就不是唐玄宗逃难四川的历史事件,而当真是某次皇家春游。

2. 大小李将军

更多的人认为,此图实名为《明皇幸蜀图》,记录了唐玄宗避难入蜀途中的一个场景。作者李昭道,为唐朝宗室,与父亲李思训并称"大小李将军"。事实上,"老李"李思训,才是真正的唐朝右武卫大将军和左羽林大将军,他到底打了多少硬仗不得而知,但肯定没能像祖父、李渊的堂弟李叔良那样猛击突厥人,而是更多依靠珍贵的宗室血统封王拜爵。

李家有五兄弟,绘画都不错,唯李思训最出色,在唐朝书画界颇有名气。他与儿子创造了"青绿着色山水"的绘画技法。李思训学的是隋朝展子虔,用笔极有劲道,以金碧青绿的浓重色彩表现山水,又以严谨的细节描绘强调幽居意境。他作画奢华,常以珍贵矿石石青和石绿表现青山绿水,还加上泥金,追求"青绿为质、金碧为纹"的效果,形成了"金碧山水"的大青绿山水画风格,被后世画家奉为擅长青山绿水的"北宗"。

由于出身皇室,位列王公,李思训满脑子是贵族阶层的情趣,作品里自带一股隐逸之气。传世的画作还有一幅《江帆楼阁图》,技法高妙,意境幽远广大,极力表现一种盛唐的皇家气象,据说是李思训的代表作。

3. 小李赶不上老李

李思训好歹带过兵打过仗，官至大将军，儿子李昭道最高官阶只是太子中舍人（太子的贴身秘书）。李昭道在绘画上更强调"豆人寸马"的细节表现，评论家认为他的绘画技艺赶不上老爸。

在官场上，李昭道基本都是副职、闲职，有很多精力丰富绘画的细节，并以巧妙的构思表达主题。笔者认为，虽然李昭道职位和绘画技法都不如李思训，但李昭道恰恰以上述两点超过了他的那位将军老爸。

《明皇幸蜀图》表现的是叛军进攻长安城，玄宗被迫逃跑，行至四川大山之中的一个场景。李昭道极力描绘蜀地山川壮丽险峻，以精妙的笔力在宏大的背景上展现"豆人寸马"。画名为"幸蜀"，也是李昭道刻意避开皇帝"逃难"的尴尬，而以一朵朵白云、青绿的山水、幽深的山谷表现春意盎然的山谷风光，以人马倦卧、马队散漫而行刻意强调帝王此行的轻松。

4. 小李的良苦用心

然而细观此画，不难发现作者在构思上的良苦用心。山峰耸峙、道路崎岖，人马显得多么渺小无助；那幽深的山谷，隐隐有豺狼虎豹和疑兵埋伏；行走在悬崖峭壁的栈道上，随时都有坠落山谷的危险。而此时，唐王朝的最高统治者及一干朝廷重臣，正处

253

于重重危险之中。不需要粉饰就可以看出，这哪里是"幸蜀"，哪里是"游春""摘瓜"，分明就是急急如漏网之鱼的逃难啊。

看到这里，笔者不由想起李白的《蜀道难》里那句追问"其险也如此，嗟尔远道之人胡为乎来哉"。这首诗成于安史之乱前，莫非李白果真是仙？能提前发出通知："锦城虽云乐，不如早还家。"

虽为皇室，但李昭道只是一名普通官吏，比父亲更能看清盛世背后的危险。

第二节　成都——皇室的避难所

254

1. 四川是大后方

成都，"一年成聚，二年成邑，三年成都"。自春秋始，三千年不挪窝，两千年不更名。从古蜀开始，在此地建立政权的都是外来户，蜀人从未有称帝的野心，默默固守一方，成为历代王朝的重要庇护与支撑。

离我们最近的，四川成为新中国最重要的三线建设基地；抗战时期，这里是中华民族绝地反击的最后根据地；元初，四川至少有两座城池——四川金堂云顶石城、重庆合川钓鱼城——成为南宋政权坚持最久的堡垒。

来到唐朝。天宝十五年（756年）六月，在安禄山叛军的持续进攻下，潼关失手，唐玄宗感觉大事不妙，逃出长安前往四川成都。880年，黄巢率领的起义军攻陷潼关，唐僖宗逃难四川，在成都组织人马实施反击，让唐朝延续了20年。

2. 成都的天时和地利

成都处于西南边陲，为何两次成为唐王朝皇帝的避难所，并以此为基地成功挽回败局？

首先是因为"地利"。历来蜀道艰难，当初秦国的司马错正是利用蜀人开凿的"鸟道"，才翻越剑门山，攻下葭萌关（今四川昭化古镇）；三国时代，蜀汉政权凭借川中之险，抵挡住了魏国、吴国的强势攻击。战国时代，秦国的蜀郡太守李冰主持修建都江堰后，川西平原"水旱从人、不知饥馑"，很快取代关中地区成为"天府之国"。此后成都经过历代建设发展，成为富庶发达的城市。据统计，天宝元年（742年），四川人口就占到全国的22%。玄宗皇帝一行暂避成都，至少吃穿不愁，要人有人，要粮有粮。

其次是"天时"。唐代，朝廷将成都列为"五都"（另四个为上都长安、东都洛阳、西都凤翔、北都太原）之一的"南都"。安禄山也好，黄巢也罢，他们的进攻路线都是自东向西，其余"四都"要么被攻占，要么靠不住，唯有南都成都安全可靠，可以作为长安沦陷后的临时都城。

3. 主要原因是人

还有一点是"人和"。

拿玄宗时代来说,历任剑南节度使(主管今四川中部地区)章仇兼琼、鲜于仲通、崔圆等都是宰相杨国忠的人,杨国忠本人也当过一年节度使。安史之乱时,崔圆担任剑南节度副使,因主管领导李宓忙于南诏战事并最终在云南战死,他便按照杨国忠的心意提前做好准备,在西川积极整修军备,在成都建造宫舍,做好迎接皇帝到来的准备。玄宗到成都后,这些准备工作得到皇帝首肯,很顺利地去掉了那个副字,还晋升为宰相。

回过头来看,把持朝政的杨国忠,自然要鼓动皇帝去他经营多年的四川,以便继续掌控朝廷。哪晓得还没到四川境内,随行的将士哗变,杨国忠一命呜呼,还连带上妹妹杨贵妃。失去宠臣和女人的玄宗心情那是相当郁闷,但还是来到四川,蜀郡也就升格为成都府,作为唐朝的陪都。

仅仅过了二十多年,唐僖宗就来到了成都避难。这次唐僖宗分别得到西川和东川两位节度使(剑南道已经分为东西两道)的欢迎,成都迅速成为晚唐的政治中心。富庶的成都给了年少的僖宗以极大的信心,很快组织军队发动反击。

第三节　天子回头之地

1. 天回玉垒作长安

"天回驿畔江如染，凤集城边柳似搓。"这是陆游在《偶思蜀道有赋》中对古蜀道上天回驿站的描述。今天成都北郊天回镇，高楼林立，车水马龙，哪里有半点唐宋的遗存。但这个地名，却是因为唐玄宗留下的。

257

在成都的日子，玄宗一行路过成都府北门外驿站，去一家饭馆打尖，吃了店家的豆腐感觉十分美味，正回味留恋，却收到长安光复的情报，马上启程北返。后来，李白写了"天回玉垒作长安"的诗句，驿站就有了一个好听的名字"天回驿"，天回豆腐也成了代代相传的名菜。

这固然只是传说，当时，收复长安是一项重大而艰难的军事行动，几乎耗尽了唐朝的元气。不过，指挥这场行动的并不是唐玄宗。

2. 军事上瞎指挥

这位极富才情和能力、风光半生的唐明皇李隆基，自己把自己的皇帝事业搞砸了。

天宝十四年（755年）十一月初九，安禄山带领15万军队发动叛乱，很快拿下河北全境。消息传到长安，玄宗居然还以为是有人造谣中伤姓安的，直到十五日才确信并召集群臣商量对策。虽然此时唐军精锐还未调回，临时募集的士兵缺乏训练，但有名将高仙芝、封常清等担任指挥，足以坚守长安东面的门户潼关。谁知道，就在洛阳失守后，他脑子发昏，居然将这两名大将杀掉，换了年过半百的老将哥舒翰。

此时，如果按照哥舒翰坚守潼关的方针，长安也还有救，并且河北的郭子仪、李光弼已经有了胜算。但玄宗又一次犯浑，听信杨国忠的建议催促哥舒翰出战。潼关一战，20万唐军活着回来的不足8000人。

3. 马嵬坡之变

756年，六月初九，潼关失守，长安门户大开。

十三日，玄宗带着杨贵妃、杨国忠等近臣及部分皇室成员，在禁卫军的护卫下，借着黎明的掩护悄悄出城向西逃跑。老百姓还眼巴巴等待皇帝御驾亲征剿灭叛军呢，因为在头一天，唐玄宗还发布了御驾亲征的诏书。

十四日，一行人来到马嵬坡（今陕西兴平市西北），禁军停下来不走了。唐朝历史上著名的马嵬坡事变上演，这次的导演是太子李亨和宦官李辅国，主角是禁军首领、玄宗最信任的龙武大将军陈玄礼。这三人都是杨国忠的政敌。

陈大将军给玄宗打了声招呼便大开杀戒,杨国忠、魏方进等一个个人头落地。此事还没完,陈玄礼还要一颗人头。为了大唐江山和自己的性命,唐玄宗不得不忍痛牺牲爱妃,让宦官高力士勒死了杨贵妃。

到这里戏还没完呢!李亨就任天下兵马大元帅,去北方与几位节度使商量平叛,这位皇太子一个月不到,就在灵武称帝。此时,李隆基已经到四川,从"唐明皇"成了太上皇。

太上皇在成都一待就是一年多,直到第二年十月,才被接回长安。

4. 僖宗在四川绝地反击

相同的逃难发生在唐僖宗身上。880年,十二月,黄巢起义军拿下潼关向西进攻。19岁的唐僖宗在掌握朝政的宦官、干爹田令孜的挟持下,仓皇地逃出长安城。由于朝廷众臣对皇帝逃跑一事毫不知情,包括当朝宰相在内的一干大臣没逃跑,全被起义军处死。

对于古稀之年的唐玄宗来说,逃难无异疲于奔命;对年轻的唐僖宗来说,则相当于一次难得的历练。吃了千般苦,遭了万般罪,僖宗很快成熟起来,在几位驻守西南的大臣们的支持下重整旗鼓。四年时间很快过去,他终于回到久别的长安,但此时的唐朝已经渐渐响起亡国之音。

第四节　红颜祸水

1. 杨玉环的发迹史

　　名画《明皇幸蜀图》的诞生，是因为唐朝的安史之战，这场使唐朝由盛转衰的战争背后，还有一群野心勃勃的男人和一个薄命的女人。这个女人就是贵妃杨玉环。在封建社会，一个人，特别是女人，要上位，才、貌、家庭背景，缺一不可，而才貌与家境往往又是共生的。

　　先说家境，杨玉环出生于弘农杨氏，高祖父为隋朝的上柱国，在唐朝也还煊赫，虽然父亲和叔父都没当大官（分别在地方上管民政和土建），但杨家依然是贵族。父亲死得早，却并不妨碍在洛阳的叔父为她提供优越的教育环境。

　　杨玉环的发迹源于一场皇家婚礼——咸宜公主（玄宗之女）在洛阳结婚，前去观礼的杨玉环被寿王李瑁看上了。武惠妃极力促成此事，并要求玄宗册立她为寿王妃，却没想到给自己准备了一位接班人。三年后武惠妃去世，六宫粉黛均无人填补这个空缺，也不知哪位烂舌头的居然建议把杨玉环选进宫试一试。

　　杨玉环并未立即进入后宫，而是出家当了几年的女道士。她的成长轨迹倒与武则天相似，只缺少后者的政治野心。几年的道观修炼，杨玉环的"天生丽质"更多了一些仙气，玄宗一见钟情，立马册封她为贵妃。

2. 三千宠爱在一身

杨玉环得宠之路也同样磕磕绊绊。但所谓不吵不成夫妻，唐朝这对最受瞩目的老夫少妇，伴随二人之间的小矛盾感情日益浓厚。李隆基和杨玉环之间多少有些艺术的共鸣和才情的相互倾慕。传说玄宗创作了著名的乐曲《霓裳羽衣曲》和《得宝子》后，杨贵妃亲自教习宫女，还上场独舞。

"后宫佳丽三千人"，杨玉环"三千宠爱在一身"，只可惜物极必反，唐玄宗因贪婪美色而"从此君王不早朝"，杨贵妃的哥哥杨国忠大权独揽，使得唐朝内外矛盾日益尖锐，最终酿成搅动天下的"安史之乱"。玄宗一行不得不逃出长安，在马嵬坡时"六军不发无奈何，宛转蛾眉马前死"。杨玉环香消玉殒，给后人的创作留下了丰富的素材，最著名的是白居易的《长恨歌》，长诗的最后两句是这样的——

261

在天愿作比翼鸟，在地愿为连理枝。
天长地久有时尽，此恨绵绵无绝期。

唐·张萱《虢国夫人游春图》(局部)

3. 红颜如何变祸水

李隆基励精图治30年，开创了唐朝最富强的"开元盛世"，步入晚年将国号改成天宝，正准备好好享受一下人生。他认为，自己既然能创造"开元盛世"，也能延续"天宝盛世"，哪想到祸乱来得这么快呢？

再看杨玉环，她本人可能并不迷恋权力，但杨家不答应啊。杨氏一门因她权倾朝野，显贵天下。杨玉环受宠也就罢了，连三位姐姐也都被封为"国"字号女人（韩国夫人、虢国夫人、秦国夫人）。

姐妹几个享受荣华富贵也就罢了，杨玉环还有一个堂兄杨国忠。他可是一个贪权逐利之人，依靠女人的裙带一步步上位，最终操纵朝政，玩弄权术。

对这个仅靠女人得势的杨家，全天下人都看不下去了，一旦玄宗皇帝离开权力中心长安，清算立马开始。因此"马嵬坡之变"也是杨家人曾经享受一步登天的代价。

第五节 一个帝王，一座高峰

1. 李隆基发动两次政变

《明皇幸蜀图》中的主角当然是唐朝当时的皇帝李隆基。这位皇帝的一生可以分为两个篇章。一是在即位之初的励精图治，一手缔造唐朝最华彩、最繁荣的时代；二是在晚年任人唯亲，荒废政务，一手酿成了"安史之乱"。让我们来从头梳理一下李隆基的皇帝之路，其实如果不积极争取，李隆基绝对当不上皇帝。首先，他不可能成为太子，因为他的老爸李旦已是被废的皇帝，而他也不是长子。

不过，他在25年的人生经历中尝遍了酸甜苦辣，并尽可能抓住一切机会为自己的皇帝事业做准备。作为宗室近亲，他在16岁便进了亲卫府（负责皇位禁卫）担任右卫郎将，后来进了尚辇局担任奉御，负责皇帝的马匹车驾，相当于皇家交通局局长。这官级别不太高，只有四品，但职务非常重要——直接关系到皇帝和宫廷安全。

他当然明白这一点，特别在目睹血腥的"神龙政变"之后，越发感觉"刀把子"的重要性。于是，从地方锻炼结束回到京城后，他开始紧锣密鼓地物色人选。在亲卫府的任职经历无疑为这一计划提供了方便，一批勇猛之士从"万骑"（精锐的皇帝亲兵）官兵中挑选出来，并发展成为心腹。

李隆基能敏锐地判断形势，对敌人先发制人并一击致命。要做到这一点，必须心狠手辣，且做好保密工作，为了谋取更大的利益，他和太平公主联手，发动"唐隆之变"，诛

唐·张萱《明皇斗鸡图》（局部）

杀唐中宗李显的皇后韦氏。不久,他的父亲李旦将皇位禅让于他。其上位不久就不顾父亲请求赐死太平公主,以绝后患。

2. 开创新纪元

从宫廷政变的血路一路走过来,李隆基看到了王朝的太多积弊,在掌握绝对权力之后立马将年号改为"开元"。

李隆基的文治逐渐铺开,他知道人才对国家治理的重要意义,并且在不同阶段选拔不同的官员。朝廷发出开始新纪元的全面改革信号,首先要做的是整顿吏治,这个时期需要一位多谋善断的宰相。姚崇,李隆基在神龙政变就见识了他的才干,而他的"十事要说"更是眼下急需的施政纲领。帝王和宰相合作,通过打压功臣、堵塞后门、整治官场歪风等措施,很快让王朝走出了政局混乱的困境。

官场理顺了,姚崇也就完成了使命,该刚正不阿的宋璟上台了。

宋璟进一步完善制度,严明法纪,使朝廷和官府朝着良性轨道发展。

后来的张说不但是政治家,还是一位军事家。他成功完成了20万人大裁军,推行募兵制,在政治上加强中央集权,促成玄宗的封禅大典。

还有一位广东人张九龄,在任宰相时公正选才,能对皇帝大胆谏言。

3. 玄宗的功绩

有了好的二把手，皇帝也不能放任不管。玄宗后期的事实证明朝政一旦放手就会出事，最终导致唐朝跌入万劫不复的深渊。

李隆基在前期亲手抓吏治，为此精简机构，裁撤冗员，还建立了严格的考核制度。每年十月，各地官吏日子就不好过，因为要向朝廷的按察使述职。他恢复了谏官和史官参与宰相会议的制度，经常亲自考核、任免县官等基层官员。

皇帝励精图治，兢兢业业，下面的文武百官谁敢怠慢。

4. 优秀的唐明皇

撇开后半场的污点，唐玄宗的文治武功确实可圈可点。他在位期间，唐朝成功实行了雇佣兵制，百姓从此免去兵役之苦，军队提高了战斗力，为开疆拓土做了军事上的准备。为了把经济工作抓起来，他开展"检田括户"，把兼并的土地和私藏的人口清理出来，增加了国家收入。

唐玄宗不仅是封建王朝少有的文武全才，还是一位优秀的艺体生。他在书法上造诣很深，《鹡鸰颂》成为书法名帖；在音乐方面，他会多种乐器，还擅长作曲，编创了名曲《霓裳羽衣曲》等，并設立教坊发展音乐事业；有了这些文艺上的兴趣和专长，玄宗大力推动图书事业，建设藏书、校书机构，还首创书院这一教育机构；在他的支持和关怀下，唐朝的天文历法突飞猛进，达到世界一流的高度。

总之，李隆基将唐朝推上巅峰，人生却在中年时跌落。

第六节 "雇佣兵"的战斗力

1. 张说的军旅生涯

266

唐玄宗在军事上搞了两次改革，其中一次是将府兵制改为募兵制。兵役制改革本来是大势所趋，迟早要实施，只不过遇上性格激进的张说加快了进程。

张说以"贤良方正科"第一的成绩考中进士，初入官场遇上唐朝名将王孝杰，担任其军中的文书参谋，参加了征讨契丹的战斗。虽然是文官，但早年的军旅生活让他多次在兵部担任要职。

他最好的机遇应该是担任皇太子李隆基的侍读，并暗示后者早日除掉太平公主。玄宗上位后，张说当上了朝廷权力最大的官——中书令；后来与宰相姚崇闹矛盾被贬，一度担任右羽林将军，兼任天兵军大使，亲自带兵平定突厥、党项叛军，以军功官拜兵部尚书、宰相。后来，他担任朔方节度大使，率军追讨北方少数民族叛军残部。

2. 宰相改革兵制

从某种意义上说，贬官对张说的成长并非坏事。这段军旅生涯，加上早年的官场历练，他很快看到了唐朝国防出现的大问题。

首先，由于土地兼并破坏了均田制，自耕农减少导致兵源锐减；其次，无休止的战斗带来繁重而危险的兵役，特别是边兵经常被取消轮休，带来的后果是老百姓逃避兵役，士兵开小差；再次，国家军队保留了一个庞大的数字，但不少是空额，而一些士兵被权贵霸占充作家丁，士兵厌战，军队的战斗力薄弱。

发现问题就要整改，再次出任宰相之后，一个大胆而全面的改革计划在张说的脑海中慢慢形成。第一步，裁撤冗兵，让他们回去把农业搞好；第二步，实行募兵制，向全国征召平民入伍，朝廷提供后勤保障、发展职业军人。

3. 裁军与募兵

奏折递交上来，唐玄宗稍稍浏览便吃了一惊。裁军20万，这可不是个小数目，相当于边兵的三分之一，唐朝那么辽阔的疆域，谁来防守，并且吐蕃、突厥、南诏，一个个都不是省油的灯。

张说已经胸有成竹：边境之敌已经处于下风和弱势，无须保留这么多军队，而真要保家卫国、攻城略地，还得依靠专职的精兵强将。

玄宗在禁卫军里待过，深知什么样的军队才有战斗力，当张说押上全家上百老小性命担保时,他批准了裁军计划。大批边防军队解甲归田,农业生产得到恢复,财政压力得以缓解。修改后的征兵条令通过驿邮传遍关中:当兵不但免役,还可以吃饷,有这等好事!不过旬日,朝廷就招到了12万军士,建立起了"长从宿卫"军,京城周围的防卫充实了。经过十多年的努力,募兵制推广到全国。

与此同时,朝廷颁布《练兵诏》,命令太仆卿全力解决军马供应,全国兴起整军练兵和养马热潮,军队战斗力提高,而战马数量达到了唐朝峰值。

国防改革很快见到成效,唐朝逐步收复营州等北方边境,长城以北的回纥重新归附,安北都护府再次建立起来。在西北,唐军一举收复碎叶,随之打通丝绸之路,唐朝在西域地区重拾贞观年间的威望。

268

第七节　节度使养成记

1. 节度使的功能

节度,即全权调度。节度使一词则出现于东汉时期。那位名叫梁慬的武将在西域担任副校尉(仅次于将军),率军打败龟兹和姑墨(均在今新疆境内)联军,汉安帝就任命他全权节度河西驻军,又打了很多胜仗。三国时代,魏国让司马昭节度前线军队,全权负责对蜀国的军事。司马昭倒是灭了蜀国,却也反手将魏国收入囊中。

唐初的"节度"是一种权限而不是职务,相当于节度使的官叫持节都督。持节,持的是皇帝授予的符节,负责统率全军、调度地方,通常在战争频繁的边境地区使用。这些地方日常驻军不多且分散,遇到战争,必须依靠朝廷派将帅带领军队前来。这些将帅称为行军(大)总管、行军元帅,比如李世民、尉迟恭、李隆基等都担任过类似的大总管。随着战事频繁,一些军事要地留驻的军队越来越多,这些总管也就演变为统帅边境的军事长官,出现了长驻的节度使。

直到睿宗景云元年(710年),节度使成为专门的职务,第一位是薛讷,担任幽州镇守经略节度大使;第二年,贺拔延嗣正式成为河西节度使。唐玄宗时期陆续设立更多的节度使,最终形成了平卢、范阳、河东、朔方、陇右、河西、安西四镇、北庭伊西、剑南、岭南十大节度使。

节度使由朝廷赋予充分权力,除了军事调度,还兼任支度使(财税)、营田使(屯田)、采访使(民政),集军、财、民等各种权力于一身。他们独占一方,渐渐坐大,终于酿成了"安史之乱"和后来的藩镇割据。

2. 不得已而为之的节度使制

节度使制度的形成,有历史原因,也是现实的必然。

到武则天统治后期,均田制名存实亡,玄宗及时采取"检田括户"及相关配套措施,为解决兵源和逃兵问题,朝廷逐渐采取募兵制。另外,唐朝一直开疆拓土,到中期停止扩张,转而设置各种都护府、都督府,从打天下变成了守天下。与此同时,周边的敌人从守势变成攻势，又主要以骑兵为主。为了在各个方向展开防范，唐朝必须修筑工事，驻扎庞大的边防军（一度多达60余万）。

这些边防军交由各地节度使统领，募兵制全面铺开后，各地藩镇为了完成守卫任务，便自行招募军队，逐渐拥有了军权。手头有兵，就有了讨价还价的资本，朝廷为了解决他们无休止的粮草后勤需求，想了一个屯田的办法，让地方自行解决军队开支。

粮食问题倒是解决了，屯田使之职慢慢落到节度使手里。节度使又一步步地扩大地盘，讨要更多财政权，而为了不让地方官吏影响军事，唐玄宗干脆将行政大权也赋予节度使。

节度使终于功德圆满，成效也是非常显著的，对吐蕃、突厥、契丹等四面出击，无往而不胜。但同时，一个个独霸一方的"土皇帝"也成长了起来，渐渐尾大不掉，对朝廷虎视眈眈。

画说大唐

3. 祖上定下规矩

唐玄宗高歌猛进地设置节度使，一步步给予他们堪比朝廷的大权，难道朝廷就没有警觉么？

肯定有，并且"自唐兴以来，边帅皆用忠厚名臣，不久任，不遥领，不兼统，功名著者往往入为宰相。其四夷之将……不专大将之任，皆大臣为使以制之"。《资治通鉴》中这段话很好理解，唐初的政治家早就担心将帅不听号令，采取了相应的预防措施：选用忠厚可靠的将领；规定任期，不许只挂名不到任，不许兼管多个边镇；将领立下大功，及时调回朝廷担任宰相；不能让异族将领专任。

有了这些措施的约束，即便到唐朝中后期，绝大部分藩镇还是很听话的,并有很多藩镇积极协助朝廷平定叛乱,如果都与安禄山和史思明一样,唐朝早就完蛋了。

第八节　纵虎千日必为患

1. 节度使本来是可控的

事实上,唐玄宗也是按祖上的规矩来办的。他发现、培养了一批忠心耿耿的将帅,如郭子仪(朔方)、安禄山(河北三镇)、李光弼(郭子仪的副职)、高仙芝(安西四镇)、封常清(高仙芝的副职)、哥舒翰、仆固怀恩、颜真卿等,成功解决了朝廷的财政、兵源和边防问题。

如果保证政策的延续性,各位地方大员就不敢也不会有什么野心;即便坏了规矩,如果玄宗不犯浑,唐朝也还不至于遭此大难。

唐·阎立本《历代帝王图》(局部)

但恰恰相反，自从"爬灰"乱伦事故变为既成事实，杨国忠得势，与李林甫一起玩弄权术，大批能吏干臣遭到排挤打压，把朝政弄得昏天黑地、腐败不堪。最关键一点，随着节度使制度的实施，玄宗以为长安城高枕无忧，主动削弱了内地特别是京城附近的武备。

杀伐起家的人居然忘了"刀把子"的重要意义，难怪要被赶出大明宫了。

2. 坏了老规矩

李林甫和杨国忠投机钻营、费尽心机才入朝拜相，自然不想那些功勋卓著且有才学的边帅回来与他们竞争。这难不倒李林甫，他建议任用勇猛忠诚的北方少数民族担任节度使，因为他们老实听话，可以防止与朝臣结党营私，玄宗认为可行，立马照办。

这些人看着听话好使，却让唐玄宗把最重要的那一条规矩给破了。

他们的代表是安禄山，一个原本没有名字的突厥孤儿，从小在军营和互市上混，慢慢地通晓多种语言，混成了人精。安禄山的发迹之路从给人当干儿子开始——第一个干爹是母改嫁的突厥人，第二个是幽州节度使张守珪，第三个是干娘杨玉环。

他踏着平卢兵马使（740年）、营州（今辽宁朝阳）都督兼平卢军使、御史中丞与平卢节度使（742年）的路子一步步进阶，于天宝三年（744年）再次打破"不兼统"（早就实现"久任"）的规矩，兼任范阳节度使，到751年再兼任河东节度使。

在遥远的范阳(今河北涿州)城北,一座雄武城悄然筑就,城内粮草充足、战马和军械齐备。安禄山盘踞在此,掌管平卢(今辽西)、范阳(今河北一带)、河东(今山西地区)三镇所辖的北方地区,网罗了大量文武人才。

一场叛乱已经万事俱备,点引信的任务落到了杨国忠头上,他为了独霸朝政,大肆诋毁安禄山,结果激化了矛盾——安史之乱的口号便是"讨伐国贼杨国忠"。

3. 藩镇结果了唐朝

叛乱爆发,安禄山辖区的平原太守颜真卿提前预判、组织义军,并主动联系朝廷联合平叛,随后各地节度使纷纷力助朝廷。这说明,此时朝廷对地方还是可控的。

但战乱的破坏力实在太强大了,为了扩大藩镇的实力尽快平叛,朝廷主动取消采访使,改为由节度使本人兼任的观察处置使。老祖宗留下的最后一条规矩也坏了,安史叛乱倒是镇压了下来,但各大藩镇也借此暗地扩张实力,朝廷已经无力节制。

758年,唐肃宗正式撤销采访使,节度使完成了向财政、政治、军事权力全面独立的地方军阀的转变,唐朝的噩梦也就开始了。

战乱结束,投降的叛军和平叛的军队为"幽州、成德、魏博"为主的河朔藩镇充实了兵马,藩镇将士根本不听号令,动辄斩杀朝廷派来的节度使,俨然成了独立王国。

即便如此,唐朝依然在苦苦挣扎,在唐宣宗李忱时期一度出现"大中之治"的中兴景象。然而,随着那位名叫朱温的将军镇压黄巢起义被封为宣武军节度使,唐朝的"七寸"汴州(开封)被扼死了。

汴州是两湖和江淮地区财税和粮草进京(唐朝末期迁都洛阳)的中转站。朱温在此壮大实力,借宦官幽禁唐昭宗之机起兵,于907年在此称帝。

那一天,西方的大明宫上空残阳如血,一个纷乱的时代开始了。中原大地狼奔豕突,再也无人搭理紫微城墙角的那位15岁孩子的嘤嘤哭泣。

那是唐朝最后一位皇帝,叫李柷,已经退位,却在第二年被毒死,人称唐哀宗。